novum premium

Linus Lang

# Die Frau des Wanderpredigers

novum premium

Bibliografische Information
der Deutschen Nationalbibliothek:

Die Deutsche Nationalbibliothek
verzeichnet diese Publikation in
der Deutschen Nationalbibliografie.
Detaillierte bibliografische Daten
sind im Internet über
http://www.d-nb.de abrufbar.



Gedruckt in der Europäischen Union
auf umweltfreundlichem, chlor- und
säurefrei gebleichtem Papier.



ISBN 978-3-99130-268-1
Lektorat: Mag. Eva Reisinger
Umschlagfotos: Linus Lang;
Hecke01 | Dreamstime.com
Umschlaggestaltung, Layout & Satz:
novum Verlag
Innenabbildungen: Linus Lang

Die vom Autor zur Verfügung
gestellten Abbildungen wurden in der
bestmöglichen Qualität gedruckt.

**www.novumverlag.com**

**Climate neutral**
Print product
ClimatePartner.com/16547-2201-1002

**Frauen**

sagen nichts
fragen nicht
klagen nicht

**Frauen**

tragen viel
wagen viel
bereiten viel
leiden viel

**Frauen**

tragende Säulen der Gesellschaft
nicht verzagen – Frauen fragen

**Wann**

erhalten die Frauen die Rechte und
Menschenrechte, die sie verdienen?

erwacht unsere westlich geprägte
Gesellschaft und setzt sich für echte
Bedürfnisse von Frauen ein?

# Inhaltsverzeichnis

# Die Frau des Wanderpredigers

Dies ist die Geschichte von Alem, einer äthiopischen Frau und Mutter. Im Norden Äthiopiens in armen Verhältnissen aufgewachsen und dann mit einem Mann aus der Nachbarschaft verheiratet, der sich nebst seiner Arbeit als Bauer zum Wanderpriester ausbilden ließ. Diese „Wanderpriesterschaft" bestimmte sein Schicksal und beendete sein Leben. Zurück blieb Alem mit vier eigenen und drei angenommenen Kindern. Als Alleinstehende galt es, sich durchzuschlagen, und als Priesterwitwe war für sie eine Wiederverheiratung ausgeschlossen.

Tapfer, mit unermüdlichem Einsatz und unter Inkaufnahme widriger Umstände kämpft Alem für das Durchkommen ihrer Familie und schafft es, alle aus eigenem Anbau zu ernähren und den Kindern Schulbildung zu bieten. Schritt für Schritt verbessert sich die Lebenssituation und es wächst die Zuversicht, dass ihre Kinder einst ein besseres Leben haben dürfen. Diese Hoffnung erlischt aber beinahe, als nach dem Tode ihres Mannes auch noch einer ihrer Söhne stirbt. Dies bringt sie an den Rand der Verzweiflung. Doch sie fasst neuen Lebensmut.

Gestärkt durch einen unerbittlichen Glauben an Gott und durch harte Arbeit kämpft Alem weiter und wird zunehmend als Leitfigur im Dorf und in der Region erkannt und bewundert. Sie schafft den Ausstieg aus tiefster Armut. Doch sie bleibt auf der Suche danach, weshalb sie das Schicksal derart geprüft hat, und ringt um die Frage nach Schuld und Sühne. Als vieles sich zum Guten wendete, brach der Krieg zwischen der Region und der Zentralregierung aus, der in seiner Unbarmherzigkeit auch Alems Schicksal besiegelte.

# Vorbemerkung des Autors

Dieses Buch ist ein fiktives Werk auf Grundlage tatsächlicher Begebenheiten. Alle darin erwähnten Personen leben, oder lebten, zu Beginn 21. Jahrhunderts in Äthiopien. Zum Schutz der Protagonisten sind sämtliche Namen geändert. Die Dialoge und Schilderungen der Details sind frei erfunden, basieren aber auf Jahrzehntelanger Erfahrung des Autors in Kontakten mit den Menschen dieser Geschichte und in der Region, wo diese sich ereignet hat.

Der Autor, November 2022

# Fußpfade

„Wenn du mir nachher etwas von deinem Feuerholz gibst, trage ich dir die Schulsachen“, rief etwas neckisch der leichtfüßig über den Stolperweg nebenher tänzelnde Sisay seiner Schulkollegin Alem zu, als diese gemeinsam den langen Weg von der Schule nach Hause gingen. Wie immer hatte Alem auch heute wieder jedes Holzästchen, das sie auf dem Nachhauseweg erblickte, aufgelesen und klemmte es unter ihren linken Arm, unter dem rechten Arm die Schulhefte in losem Bündel. Schon seit 10 Jahren hatten sie den gemeinsamen Schulweg, teilweise mit Kindern der Nachbarschaft, nur den letzten Teil ihres Weges gingen sie beide allein. Alem und Sisay genossen diese vertraute Wegstrecke. Nie verlegen um Konversation erzählten sie sich ihre zwar ohnehin schon bekannten Familien- und Erlebnisgeschichten immer wieder, einfach das, was in ihrer kleinen Welt passierte. Sisay, eines der Kinder aus dem benachbarten Kral, war mit seinen 15 Jahren ein aufgeweckter, durch strenggläubige Erziehung anständiger Bursche. Sein zartgliedriger Körper war von der vielen Arbeit und den langen Märschen zur Schule und das Viehhüten athletisch und ein krauses, schwarzes Haar verlieh ihm ein stattliches Ansehen.

„Du kannst mir die Sachen auch so tragen, ich habe dir schon viel geholfen und Wasser geben wir euch auch immer wieder, weil du zu faul bist, selbst welches zu holen“, entgegnete ihm Alem recht selbstbewusst und bestimmt. Gleichaltrig wie Sisay war Alem nicht mehr das kleine Mädchen, das nur gehorchte und sich duckte. Nein, sie war gereift und an der Schwelle vom Kind zur jungen Frau und da galt es, sich abzugrenzen und – bei allem Respekt vor der männlichen Dominanz – die eigene Meinung zu sagen.

*Schulweg*

„Nun, so gib mir deine Sachen“, lenkte Sisay ein und nach wenigen Minuten erreichten sie den Kral von Alem, wo sie sich blick- und formlos voneinander verabschiedeten und Sisay noch weitere 15 Minuten allein nach Hause ging.

Die in den gemeinsamen Schuljahren gewachsene Vertrautheit zwischen Alem und Sisay glich anfänglich derjenigen guter Kollegen, ja fast Geschwister. Doch mit den Jahren erwuchs eine innere Verbindung, die sich zu einer vertrauten Zuneigung entwickelte und in beiden das Verlangen nach dem andern nährte.

Doch darüber wurde nie gesprochen und jede Annäherung hätte einem Bruch mit der so hochgehaltenen Tradition entsprochen. Das hätte sich nicht gehört! Es verband die beiden die familiäre Nachbarschaft, die tiefe Armut beider Bauernfamilien, das Aufeinander-angewiesen-Sein, das sich Aufeinander-verlassen-Können, das gemeinsame Feiern der religiösen Feiertage, das Teilen von Ochsen zum Pflügen, das Teilen von Wasser, das sich in Not gegenseitige Helfen und auch das miteinander Trauern, wenn wieder einmal ein Kind oder ein Großelternteil starb.

*Wasser tragen*

Für Alem endete mit dem 10. Schuljahr ihre Ausbildung. Ihr Los war die Hausarbeit aus dem immer gleichen Ritual von kochen, Brot (Injera, das äthiopische Fladenbrot) backen, Wasser tragen, Holz sammeln, waschen unten am Fluss, auf Geschwister aufpassen, Kuh-Dung sammeln und trocknen, Mithilfe beim Getreide schneiden und Körner mörsern, den Brüdern mit dem Vieh behilflich sein und dem morgendlichen langen Marsch mit der Mutter zum Gebet in der Kirche.

Normalerweise besuchten sie die einfache Bergkirche, die nach etwa 30 Minuten Fußmarsch zu erreichen war. Nur an speziellen kirchlichen Feiertagen, vor allem aber an Timkat, dem höchsten Kirchenfest (Tauffest) der äthiopisch christlich-orthodoxen Kirche, hieß es, den langen Weg zur Provinzhauptstadt unter die Füße zu nehmen und dort in der schönen Kathedrale diesen Tag in Gemeinschaft mit Tausenden zu feiern. Seit Kindheit war dies für Alem das schönste der Feste und sie fieberte jeweils schon lange vorher darauf hin, wieder Teil dieser Christengemeinschaft zu sein. Alle Frauen in ihren frisch gewaschenen Festtagsgewändern, mit denen sie sich von Kopf bis Fuß in Weiß bedeckten, auch die Männer mit ihren weißen Umhängen, das Umschlagtuch meist zu kunstvollen Turbanen gewickelt, die den Männern ein so würdiges Aussehen verleihen. Und dann die Priester mit ihren brokatgeschmückten farbigen Umhängen, mit ihren Kronen und Kreuzen, die sie trugen, teilweise dabei die Trommeln schlugen und immer wieder Choralgesänge zur Ehrung Gottes sangen. All dies war zauberhaft für Alem und tief beeindruckend. In der Kirche lagen Teppiche am Boden und die Wände waren mit Malereien verziert. Diese alt-biblischen Darstellungen gruben sich tief in Alems Bewusstsein ein: etwa die Engel, die dem gütigen Gottvater-Gesicht entgegen schwebten. Engel zu sehen? Das konnte man zu Hause nicht, da gab es nur die Vögel, die fliegen konnten. Dann aber auch grausame Darstellungen von der Verdammnis, der Hölle. Auch einmal in eine solche Situation zu geraten, war für Alem unvorstellbar und bei jedem Anblick schwor sie sich, gewiss ein gutes Leben führen zu wollen, um niemals in solchem Verderben schmachten zu müssen. Bei diesen Kirchenbesuchen festigte sich in Alem die Gewissheit, dass alles Leben von Gott gelenkt wird. Dass Er den Lebensweg bestimmt und dass Er es in Händen hat, die Zukunft zu lenken. Ja, schon im kindlichen Alter festigte sich in Alem die Überzeugung, dass es im Leben das Gute und aber auch das Böse gibt. Nichts weiter, nichts dazwischen. Dieses christliche Weltbild prägt seither Alems Denken, Fühlen und Tun.

*Malerei in christlich-orthodoxer Kirche*

Sisay hatte die Chance, zwei weitere Jahre zur Schule gehen zu dürfen, bis er 12. Graduate war. Zwar hatte der lange Schulweg auf dem Pfad, auf dem schon die Ahnen den Weg ins Dorf gingen, viel an Freude verloren, seit er ohne Alems Begleitung war. Doch er war stolz, zu den wenigen zu gehören, die weiter zur Schule gehen durften. Die Zeit vor und nach der Schule galt der Erledigung seiner Pflichten, der Sorge um die wenigen Tiere. Ziege melken, Kuh und Kalb zur Wasserstelle führen. Dabei galt es stets zu schauen, dass es irgendwo ein Büschel Gras oder Zweige von Sträuchern und Bäumen als Nahrung für die

Kuh gibt. Nach dem frühen Einbruch der Nacht galt es dann noch, den Kral abzuschreiten und sicher zu stellen, dass nicht irgendwo ein Loch im Dornenzaun einem Wüstenfuchs oder gar einer Hyäne nachts Durchgang böte, um sich zum Lehmhäuschen der Hühner zu schleichen. Auch Sisays Familie war streng gläubig und so galten gelegentliche Kirchenbesuche auch den männlichen Familienmitgliedern. Was Sisay dabei besonders in den Bann zog, waren die Priester. Diese äußerst einfach lebenden, eine große Würde, Ruhe, Sicherheit und Festigkeit ausstrahlenden Männer waren ihm Vorbild und verliehen ihm eine innere Kraft. Hingebungsvoll und ehrerbietig küsste er mit Inbrunst deren Kreuz, in der Gewissheit, dass ihm dadurch alle Verfehlungen vergolten und der Zukunftssegen sicher sei. Diese Innigkeit blieb auch den Priestern nicht verborgen, sie ermunterten ihn immer wieder, doch noch mehr für die Kirche zu tun. Das sollte sich später ergeben.

# Zartes Glück der Liebe

„Food for Work“ (Lebensmittelhilfe gegen Arbeitsleistung) nennt sich jenes staatliche Programm, das Bauern verpflichtet, Freiwilligenarbeit zu leisten, wenn sie in den Genuss von ausländischer Nahrungsmittelhilfe kommen wollen. In Gemeinschaftsarbeit werden so Wege gebaut, Hügel und Berghänge terrassiert, um das Überschwemmen der Felder während der Regenzeit zu verhindern, oder das Ausgraben von großen Teichen, um während der Regenzeit Wasser aufzufangen.

Auch die Eltern von Sisay und Alem beteiligten sich an dieser Arbeit, um die Ernährung ihrer Familien mit dem als Kompensation erhaltenen Getreide und Öl überhaupt zu ermöglichen. Während einer Verschnaufpause setzten sich die beiden Elternpaare von Sisay und Alem zusammen an einen Busch, teilten sich Wasser, einige Bohnenkerne und setzten Gespräche fort, die sie schon öfters ansatzweise, doch noch nie zum Ziele führend hatten. „Warum soll die Verheiratung unserer Kinder am traditionellen Brautpreis scheitern?“, begehrte Alems Mutter, Tigist, auf! „Was bringt es, wenn wir unser Schaf gegen eure Ziege tauschen? Wie lange sollen die Kinder noch warten? Wir sind nun mal arm und wir haben nichts, das wir uns gegenseitig geben könnten. Wir wissen aber, dass die beiden eine tiefe Liebe zueinander empfinden und gewiss ein gutes Paar abgeben werden. Und gemeinsam werden wir auch genügend Esswaren zusammenbringen, um die Hochzeit mit einem kleinen Familienfest zu begehen. Das einzige Problem sind neue Kleider, welche das Hochzeitspaar benötigt. Doch wenn wir die Hochzeit auf Januar verlegen, dann können wir etwas vom Getreide verkaufen und beim Schneider etwas Stoff kaufen. Und für das Schneidern werden wir ihm nach der Ernte etwas Korn geben.“ Alle Beteiligten waren froh, so bestimmt vorgebrachte

Vorschläge diskutieren zu können. Es schien sich also eine Lösung abzuzeichnen. Doch dann brachte Sisays Vater, Gebrewahid, das Gespräch auf die für das Brautpaar zu bauende Hütte. „Hinten im Wadi, gleich neben dem großen Felsen und etwas oberhalb des kleinen Bächleins, wäre ein schöner Platz, wo wir den beiden eine Hütte erstellen könnten. Das wäre nicht allzu weit von uns entfernt, sie könnten dort die halben Hektare Land nutzen, welches uns vom Dorfältesten schon vor Längerem für unsere Kinder zugesprochen wurde. Die Steine für den Hüttenbau können wir aus dem Fels rausschlagen und für das Dach müssen wir halt jetzt schon beginnen, einige dickere Äste des harten Kossobaums zu sammeln. Und wenn wir uns bald einig werden, können wir schon in der kommenden Regenzeit etwas Zweige vom Kontir-Dornbusch um den Kral einpflanzen, damit dort ein Zaun wächst und das Haus geschützt ist.“ „Wir müssen wieder!“, forderte Tigist auf – und beendete damit die Diskussion. Es war aber allen klar, dass man nun wusste, wie es weitergehen sollte. Wie üblich in der kleinen Erlebniswelt im abgelegenen Tigray wurde die anstehende Hochzeit noch oft diskutiert, besprochen, geschwätzig abgewogen, ja es gab eine Fülle von Gesprächsstoff, der in den folgenden Wochen das Leben dieser beiden Familien auf schöne Art belebte. Bald auch schon begann man, gemeinsam Steine zu sammeln, sie zurecht zu schlagen und als die Ernte fertig und das Getreide gedroschen war, begannen die beiden Väter der Brautleute, das künftige Haus zu bauen. Ein Steinhaus mit weniger Quadratmetern Fläche, eine Öffnung als Türeingang, den Boden mit lehmigem Sand glattgestrichen und das Dach nach traditioneller Bauart mit Holz und Steinen bedeckt und darüber etwas Humus gestreut, damit dort mit der Zeit Pflanzen Wurzeln schlagen und mit ihrem Wurzelwerk die Sonneneinstrahlung dämmen.

*Das Haus im Wadi*

Als Schlaf- und Sitzgelegenheit im Raum wurden an drei Wänden Lehmblocks gebaut, zwei, auf denen sich, geschützt durch Felle oder getrocknete Häute, sitzen und schlafen ließ, ein Block diente als Lager für Wasserkrug, Getreide, Samen und die wenigen Gerätschaften, die man für den Anbau benötigte. Wenige Meter neben der Hütte wurde eine offene Kochstelle aus Steinen und Lehm gebaut und gebrannt, wo das Brautpaar künftig Feuer machen und kochen konnte. Schränke und Gestelle gab es nicht, die wenigen Habseligkeiten wurden in Stoffbündeln aufbewahrt.

Gleich neben dem Steinhaus bauten sie aus Lehm und Holz eine Hütte, in welcher künftig Hühner oder Ziegen gehalten werden sollten und allerlei Material aufbewahrt werden konnte.

# Hochzeit

Hochzeiten finden in Äthiopien bevorzugt im Mai oder dann am Ende der großen Regenzeit, im September, gleichfalls zu Beginn des neuen Jahres nach Julianischem Kalender statt. Dies ist die Zeit der Blüte, die Zeit des Grün, die Zeit der Hoffnung. Das vor der Regenzeit ausgesäte Getreide, durch das Nass während der Regenzeit begünstigt, keimt und sprießt überall. Felder, die während der mehrmonatigen Trockenzeit gelb-braun, bis auf die Wurzeln abgedorrt der sengenden Sonne ausgesetzt sind, beginnen zu grünen, es blüht die Meskel-Blume, die Nationalblume Äthiopiens. Eine schöne gelbe Blume, die während einiger Wochen Wiesen, Wegränder, Berghänge und Hügel in ein leuchtendes Gelb verwandelt.

Auch die Hochzeit von Sisay und Alem wurde auf einen Sonntag nach der Regenzeit festgelegt. Doch vorher noch musste der Tradition entsprechend Alem einen Monat im Haushalt des Bräutigams arbeiten und wurde dort von Sisays Mutter, Lete, in ihre künftigen Pflichten als Frau und Mutter eingeführt. Da man sich als Nachbarn gut kannte und vertraut war, stellte diese Zeit für Alem keine besondere Herausforderung dar. Im Gegenteil, die tägliche Nähe zu Sisay machte sie glücklich und ihr sonniges Wesen gewann einen neuen Ausdruck tiefer, reifer Liebe. Gewiss gab es für Sisay und Alem den Drang nach gegenseitiger Nähe und auch hie und da von Dritten unbeobachtete Momente. In solchen stieg das Verlangen nach körperlicher Berührung und Zärtlichkeit so stark, dass es nicht immer leicht war, sich der gegenseitigen Hingabe zu verschließen. Doch das über alles hochgehaltene und von beiden respektierte Keuschheitsgelübde beschränkte die körperlichen Kontakte auf Streicheleien, sich aneinanderdrücken und zögerliches Küssen.

Da Alem die Aufgaben einer Hausfrau schon von zu Hause her zur Genüge kannte, fiel es ihr auch leicht, ihrer künftigen Schwiegermutter bei allen Hausarbeiten zu dienen. Sie durfte viel Lob ernten, und spürte, wie sie von Lete wie eine eigene Tochter angenommen und behandelt wurde. Am liebsten begleitete Alem ihre Schwiegermutter auf den Markt. Sie trug ihr das zum Verkauf bestimmte Holz und hatte immer in der mitgetragenen Kalebasse etwas Wasser bei sich für beide. Vom Erlös aus Holz, Eiern und hie und da etwas Bohnen wurde Salz und Zucker, vereinzelt auch etwas Stoff für Kleider der Kinder gekauft. „Hier, schau, Alem, es reicht noch für diesen Kochtopf, den wirst du in deinem Haushalt gebrauchen können", sagte Lete, nachdem sie eine Auswahl gründlich begutachtet und mit dem Verkäufer über den Preis gefeilscht hatte. So häuften sich im Verlauf dieser Marktbesuche einige Haushaltungsgegenstände an, die nun Alem gehören durften. Wie sie Sorge dazu trug!

*Die Bergkirche*

Die standesamtliche Vermählung beschränkte sich auf das Abholen der zwei neuen Identitätskarten auf der Administration des Bezirkshauptortes und den Eintrag der Unterschriften in ein Zivilbuch-Register. Anders die kirchliche Hochzeit! Diese fand in der kleinen Bergkirche statt. Diese auf einem kleinen Hügel, umgeben von kühlen Bäumen, Sträuchern und Gebüsch, majestätisch über das Tal sich präsentierende Kirche mit ihrem weit sichtbaren grünen Kupferdach war seit jeher Hort des Friedens, Stätte der Einkehr, Bitt- und Betstelle und ein, wie Alem überzeugt war, geheiligter Ort. Bei dieser Kirche fand sich die kleine Hochzeitsgesellschaft ein, um den priesterlichen Segen der Vermählung und die Sakramente zu empfangen.

Für Alem war es ein überwältigender Tag. Alle ihre Familienmitglieder in ihren weißen Umhängen, die Frauen und Mädchen in liebevoller Pflege die Haare frisch gekämmt und mit etwas Butterfett glänzend gestrichen, die Mütter mit vergoldeten Ohrringen und mit Henna ihre Kreuze auf der Stirn neu bemalt, am Hals ein schwarzes Leinenband mit silbernem Kreuz daran hängend. Die Männer mit ihren weißen Umhängen, jeder seinen Stock oder seinen alten Karabiner oder aus kürzlichen Kriegszeiten die Kalaschnikow als Symbol der Männlichkeit über die Schultern gehängt, die Kinder mit leichten, bunt bemalten Sommerkleidchen und allerlei farbigem Firlefanz verziert. Was für ein Tag!

„Kommt, die Priester warten", rief Gebre, Alems Vater, in die fröhliche, laut diskutierende, gestikulierende und aufgeregte Menge! „Und die Sonne steht schon hoch, wir müssen dies hinter uns bringen und uns nachher auf den langen Rückweg machen, also, kommt schon!" Dem Aufruf dieser Respektsperson folgend hatte etwa die Hälfte der Anwesenden in der kleinen Kirche Platz, die andern versammelten sich davor. Mit Choralsprüchen, kurzen Gesängen und begleitet vom dumpfen Schlag einer Trommel begann die Zeremonie der kirchlichen Trauung.

*Hochzeitszeremonie*

Alem, die noch nie im Mittelpunkt gestanden hatte, nahm all das Geschehen um sich wie halb in Trance wahr. Sie konnte die Gedanken nicht auf das konzentrieren, was die zwei mit langen Stolas und den farbigen Brokatschirmen geschmückten Priester sagten, nur bruchstückhaft nahm sie es auf. Zu verwirrt war sie, zu abgelenkt vom Außerordentlichen, das ihr hier geschah. Nein, auch weinen, wie es ihr einige Kolleginnen vorausgesagt hatten, konnte sie nicht. Einige der Sätze der Priester jedoch prägten sich tief in ihr ein. „... bis dass der Tod euch scheidet", oder „... in Anfechtungen nur Gott anrufen, er wird euch den Weg zeigen". Später nachdenken wollte sie über den Satz „Gebt Gott, was Gott gehört, und den Menschen, was den Menschen gehört". Was sollte sie, die ja nichts hat, dann geben? Das verstand sie nicht. „So küss das Kreuz Gottes und gelobe, ein Leben in Zucht und Gottesfurcht zu leben", forderte sie der Hauptpriester auf und hielt ihr das große silberne Axum-Kreuz hin. Sie berührte es mit den Händen, küsste es innig und lang und schwor sich, so zu leben, wir ihr jetzt geheißen. Fast erleichtert löste sie sich vom Kreuz und wusste, jetzt war sie gesegnet.

*Priester mit dem silbernen Kreuz*

Für Sisay war das Faszinierende bei der Hochzeitszeremonie das Wirken der Priester. Diesen für ihn fast als Halbgötter verehrten Männern so nahe zu sein, von ihnen direkt angesprochen zu werden, ihr würdevolles Handeln zu begleiten, in ihre zerfurchten, vom Leben geprägten Gesichter mit ihren klaren, tiefschwarzen Augen zu blicken, war für ihn ein ganz tiefes Erlebnis. Was für Kräfte gingen doch von diesen Priestern aus! Welche Macht hatten sie, Schlechtes abzuwenden und Gutes zu bewirken! Wie viel Weisheit, Wissen, Erfahrung strahlten diese Männer doch aus! Aus dem Sinnieren und Staunen erwachend, nahm er des Priesters Worte wahr: „So sei Alem dir als Frau zugetan, du wirst sie führen, schützen und begleiten und sie wird dir Kinder schenken, die dein Geschlecht in die Ewigkeit tragen werden. Sei ihr ein guter, strenger Mann und lebt zusammen mit euren Kindern den Weg des Glauben." Das war es also: Jetzt war er aufgerufen, eine neue Rolle zu übernehmen. Ja, nur zu gerne hörte er diese Worte und war auch ganz überzeugt, dass er genau so leben würde.

Zum Abschluss der Hochzeitszeremonie überreichten die Priester Alem und Sisay eine Kurzfassung des Alten Testamentes sowie eine langgezogene, gelbe Wachskerze als Zeichen des Lichtes. Noch einige Zeit dauerte es, bis die Priester alle Anwesende einzeln gesegnet und die Gesellschaft verabschiedet hatten.

In der Hitze des frühen Nachmittags begab sich die Hochzeitsgesellschaft auf den Rückweg nach Hause, zu ihrem streusiedlungsartig gelegenen Kral. Doch zuerst galt es, das jetzige Zuhause von Sisay und Alem aufzusuchen und dort bei einer ausdehnten Kaffee-Zeremonie zu feiern. Die Mütter der Brautleute hatten diese vorbereitet, den Kaffee, Zucker, Mais und Weihrauch schon den ganzen Tag in einem Bündel mitgetragen und schon am Tage vor der Hochzeit dort genügend Holz für das Feuer bereitgelegt und auch einen Kanister Wasser deponiert.

*Die Coffee-Zeremonie*

Im angenehmeren Schatten der großen äthiopischen Schirmakazie setzten sich die Erwachsenen, während die Kinder überall herumtollten und spielten. Die beiden Mütter kauerten je auf einem Stein, vor sich den Kaffee auf dem Feuer und immer beschäftigt. Der siedende Kaffee, zusammen mit dem auf den Holzkohleresten zerschmelzenden Weihrauchsplittern verbreitete einen herrlichen Geruch über den ganzen Kral und genüsslich trank jeder seine obligaten drei Tassen Kaffee.

„So, nun ist es aber Zeit, zu gehen, wir müssen zu Hause noch die Ziegen tränken und wir wollen das neu vermählte Paar nun allein lassen", rief Tigist zum langsamen Aufbruch. „Den verbleibenden Kaffee und Zucker lassen wir hier, wir kommen morgen nochmals mit anderen Verwandten. Das werden wir morgen mit diesen trinken und ich werde dann auch etwas Brot mitnehmen." So endete die bescheidene, herzliche Hochzeitsfeier. Mit den Segenswünschen der Mütter und dem einen oder andern Hinweis der Väter an Sisay über die ihm nun – in jeder Beziehung – obliegenden Pflichten verabschiedete sich die Gesellschaft formlos.

*Zueinander gefunden: Alem und Sisay*

Zurück blieben Alem und Sisay. Beide sehr müde, beide sehr, sehr glücklich, nun ein Paar zu sein und gemeinsam die Zukunft anzugehen. Noch lange verweilten sie unter der kühlen Akazie, vereinigten sich in innerer Liebe und erst spät abends legten sie sich in ihrer Hütte müde und erschöpft auf ihre Lehmliegen.

# Glück im Wadi

Obwohl es noch keine Tiere zu versorgen gab, standen die beiden früh auf und begannen gleich, ihre ersten häuslichen Pflichten zu erledigen. Für Alem hieß dies, unten am Fluss Wasser zu holen und Holz zu sammeln. Auch hatte sie die Mutter noch aufgefordert, dann unbedingt an diesem Tag vorbeizukommen und zu berichten, wie es ihr nach der Hochzeitsnacht gehe. Zur Mutterpflicht wiederum gehört, sich darum zu kümmern, wie eine Tochter die Hochzeitsnacht körperlich überstanden hatte. Auch wenn Alem mit Mutter ein inniges Verhältnis hatte, dieser Gang lag ihr etwas auf dem Herzen, war es doch überhaupt nicht üblich, mit jemandem über Intimes zu sprechen. Zuerst versuchte sie, mit Allgemeinheiten und Banalitäten abzulenken, doch die Mutter ließ nicht locker und wollte insbesondere wissen, wie starke Schmerzen und allfällige Blutungen der erste Geschlechtsverkehr verursacht hat. „Ach, Mutter, es war wunderschön, Sisay war so zärtlich, hat mich viel und stürmisch geküsst, umarmt und das Fühlen seines starken, wunderschönen Körpers war vollkommen.“ „Und, hat er dir weh getan?“, wollte die Mutter wissen. Alem konnte sich nicht weiter winden, die Mutter beharrte auf einer Antwort. „Ja, schon“, antwortete Alem, den Blick scheu zum Boden gewandt und abgedreht. „Es war schon nicht so schön, wie ich mir das vorgestellt habe, auch wenn ich tiefes Verlangen hatte. Noch immer schmerzt es, auch wenn ich gehe oder sitze und ein wenig macht es mir schon Angst, dass es mir heute wieder weh machen wird, wenn Sisay wieder mit mir unter die Akazie will.“ „Das ist so am Anfang“, antwortete die Mutter in einer Selbstverständlichkeit, die Alem etwas erstaunte. „Warum hat sie das nicht vorhergesagt, dann hätte ich mich nicht so sehr darauf gefreut“, dachte Alem, die Enttäuschung nicht verbergend, dass ihr Mutter, und auch die Schwiegermutter während der Einführungszeit, verschwiegen hatten, dass das Zur-Frau-Werden mit solchen Schmerzen verbunden ist. „Hier, nimm diese Salbe und streiche sie in den nächsten Tagen regelmäßig ein, das wird dir Linderung verschaffen", und streckte ihr eine in eine Samenschote verpackte Salbe, welche Tigist aus den Wurzeln des Moringa-Baumes gewonnen und mit etwas Fett zu einer Salbe gemischt hatte. Mutter wusste nur zu gut: Bei Alem hatte vor rund 15 Jahren die Beschneiderin etwas gar gründliche Arbeit geleistet und unter deren Folgen hatte Alem nun einige Wochen zu leiden! „Hier, nimm noch Injera und etwas Gemüsebrei nach Hause, damit ihr für die nächsten Tage zu essen habt", verabschiedete Tigist Alem, nicht ohne etwas Wehmut im Herzen, ihre Tochter allein gehen lassen zu müssen.

Sisay stand vor der großen Aufgabe, viele weitere Steinbrocken zu sammeln, um die Trockenmauer um den Kral weiter zu bauen und irgendwann mal, wenn er etwa zwei Meter hoch sein würde, zu beenden. Kaum unterwegs, um im oberen Teil des Wadi erste Steine zu holen, kam Vater Gebrewahid zusammen mit Schwiegervater Gebre ihm entgegen. Sie wollten es sich nicht nehmen lassen, Sisay bei der vielen Arbeit zu unterstützen und natürlich trieb es sie beide auch an, wie es Sisay im neuen Ehestand gehe und welche ersten Erfahrungen er als Ehemann schon gemacht habe. Das Erste, was der Vater wissen wollte, war: „Und, gehorcht sie dir auch, wenn du etwas sagst?", fragte er eher neckisch denn ernst, denn es gab ja noch nicht viel zu gehorchen nach wenigen Stunden Ehe. Und auch der Schwiegervater konnte es nicht lassen, ihn unumwunden zu fragen, wie er mit seinen Pflichten als Ehegatte zurechtkomme und ob er seine Tochter auch einem richtigen Manne anvertraut habe. Nach dieser kurzen Begrüßung und schmunzelndem Geplauder ging Vater zur Sache und bestimmte: „Zuerst sammeln wir die Steine in den kleinen Feldflächen, die du vor der nächsten Regenzeit pflügen musst, und erst später holen wir dann im oberen Teil des Wadis die weiteren, oder wir graben sie bei den Felsen unweit deines Krals aus." Gesagt, getan, die drei begaben sich auf die teilweise nur zwei oder drei Meter breiten und 50 bis 100 Meter langen Feldflächen, die für den künftigen Anbau von Getreide für die junge Familie vom Staat gepachtet wurden. Da die zu Beginn der Regenzeit gesäten Körner erst am Keimen und Sprießen waren und keiner Pflege bedurften, hatten die beiden Männer Zeit, an diesem und an vielen nachfolgenden Tagen Sisay beim Sammeln der Steine zu helfen. Nach zwei Monaten waren genügend Steine neben dem Kral auf einen Haufen gelegt, so dass Sisay beginnen konnte, sorgfältig die Steine zu sortieren, und passend aufzuschichten. Es sollte ein weiteres halbes Jahr dauern, bis eine schöne Trockenmauer den ganzen Kral umzäunte, einzig mit einer Lattentür für den Zugang unterbrochen. Innen im leicht ovalen, etwa 20 bis 30 Meter großen Kral stand das Haus, nebenan der offene Kochherd und nebenan die alte, über Jahrzehnte im kargen Boden Tigrays gewachsene Schirmakazie. In diesem Kral sollte sich künftig nicht nur die Familie aufhalten, auch die mit den Jahren dazukommenden Haustiere sollten hier ihren geschützten Platz haben. Für diese wurde eine kleine Hütte aus Lehm und Holz gebaut.

*Trockenmauer um den Kral*

Während Sisay mit dem Bau der Trockenmauer um den Kral täglich voll beschäftigt war, beschränkten sich die Pflichten von Alem auf das Kochen, das tägliche Beschaffen von Wasser und Holz, wöchentliches Waschen unten in einem Wasserloch beim Fluss und zwischendurch immer wieder Besuche bei Eltern und Schwiegereltern. Dabei begleitete sie gerne Mutter auch mal auf den Markt, trug ihr das Holz zum Verkauf dort und bedauerte immer, kein eigenes Geld zu haben, um selbst etwas Nötiges wie Salz, Zucker oder Fett kaufen zu können. Immer bezahlte dafür die Mutter mit dem Erlös von etwas Verkauftem. Bei Kontakten mit anderen Frauen hatte Alem gehört, dass es am Rande des Dorfes eine staatliche Baumschule gebe, in welcher Baumsetzlinge für Aufforstung von Hügeln und Berghängen produziert und dort auch Frauen beschäftigt wurden. Sie erkundigte sich nach dieser Baumschule, fand diese etwas versteckt in einem Eukalyptuswäldchen und erkundigte sich dort beim Leiter über die Möglichkeit, hier durch Mitarbeit etwas Geld zu verdienen. „Ja", antwortete dieser nach kurzer formloser Begrüßung, „wir sind jetzt dabei, die Samen zu trocknen, werden in den nächsten Wochen mit der Zubereitung der Saatbeete beginnen und dann die Setzlinge für die nächstjährige Aufforstung produzieren. Wenn du bereit bist, kräftig mitzuarbeiten, besteht dazu die Möglichkeit, du musst aber zuerst ins Forstwirtschaftsbüro gehen und die dort müssen dich einstellen." Alem war ganz beglückt von dieser positiven Reaktion und machte sich gleich auf Richtung Dorfzentrum zu den Gebäuden des Landwirtschaftsbüros, in welchen zwei Büroräume mit „Forstwirtschaftsbüro" angeschrieben waren. Mit etwas Herzklopfen angesichts dieser stattlichen Gebäude und der hier verkehrenden Respektspersonen meldete sie sich im Forstwirtschaftsbüro und brachte ihr Anliegen vor. Mr. Fekadu, der Leiter, wies sie an, auf einem Stuhl an der Wand, entfernt von seinem Schreibtisch, Platz zu nehmen, betrachtete die junge, schöne Frau immer wieder aufmerksam und blätterte interessiert in irgendwelchen Unterlagen. Das lange Nichtansprechen irritierte Alem und sie fragte nach etwa einer halben Stunde: „Ist jetzt alles in Ordnung, kann ich zur Baumschule gehen und mitzuarbeiten beginnen?" Da erst schien Mr. Fekadu zu realisieren, dass er ja eigentlich dieser Frau noch eine Antwort schuldig und Administratives im Zusammenhang mit einer Anstellung als Tagelöhnerin zu erledigen war. Da in der Baumschule noch Frauen benötigt wurden, stand es für ihn außer Zweifel, dieser Frau eine Anstellung zu gewähren, doch – das war wohl das Auskosten seiner Stellung – galt es noch, die Frau im Detail zu befragen, das zu notieren, als sei es für die Ewigkeit wichtig, und dann nach Langem zu entscheiden: „Hier, unterschreibe hier, du kannst ja schreiben, und dann kannst du morgen in der Baumschule beginnen. Alles, was du wissen musst, wird dir der Formann sagen."

Tief aufatmend, dieses drückende Gebäude verlassen zu können, und glücklich auf die Aussicht auf etwas Einkommen, verließ Alem das Büro, ging nochmals bei der Baumschule vorbei, um das Nötige mit dem Formann zu besprechen, ging zurück auf den Markt, wo Mutter bereits lange fertig war und sich die Zeit im Gespräch mit einer abgelegen wohnhaften Nachbarin vertrieb. Noch nie fiel Alem der Weg nach Hause so leicht wie jetzt, sie mochte es kaum erwarten, Sisay von ihrem Glück zu erzählen. Erstmals im Leben etwas eigenes Geld besitzen! Erstmals beim Gang auf dem Markt selbst für ein Paar Plastiksandalen Geld aus dem Stoffbeutel zu klauben und zu bezahlen! Erstmals einen Bauern auf dem Markt nach dem Preis für ein Schaf fragen zu dürfen, ohne sich vornherein schämen zu müssen, doch nicht kaufen zu können! Was für Aussichten!

Sie mochte es kaum erwarten, Sisay diese gute Nachricht zu überbringen und malte sich auch schon aus, was sie alles mit dem Geld dann kaufen werde. Sisay, auch sehr erleichtert und Alem froh über diese Neuigkeit, machte ihr dann aber wegen der künftigen Anschaffungen einen kleinen Strich durch die Rechnung, als er sagte: „Aber bevor wir einen Metallkocher, Metallbecher und Gläser kaufen, benötigen wir eine eiserne Pflugschar, um einen Pflug zu machen und eine Hacke. Und dann will ich einen Pickel aus Stahl, einen Hammer und ein Brecheisen für die Bearbeitung von Steinen und um aus dem Fels unweit des Krals weitere Steine auszubrechen und zu zerkleinern." Alem hatte dafür Verständnis, konnte es sich aber nicht verkneifen, doch noch beizufügen: „Ja, aber vom Geld, das ich verdiene, will ich etwas für mich kaufen, das verstehst du doch!"

Noch am Abend holte Alem Wasser und Holz und buk Brot für den kommenden Tag, damit sie sich beizeiten aufmachen konnte, um ihre Arbeit zu beginnen. In der Baumschule angekommen, wurde sie von etwa 20 anderen dort arbeitenden Frauen jeden Alters als Kollegin gut aufgenommen, sie war für einen halben Tag im Mittelpunkt. Ihre Kolleginnen wollten natürlich wissen, wer sie war, sie musste ihre ganze Familiengeschichte, Herkunft und Lebenssituation schildern und erfuhr auch dies und jenes vom Leben der andern. Das alles gefiel ihr ungemein, insbesondere so freundlich in die Gruppe aufgenommen und bereits mit ersten Arbeiten betraut zu werden. Sie fühlte sich eingebettet in ein Team und wunderte sich, warum man von ihr so viel wissen wollte. Das war ihr bisher in ihrem eingeschränkten, engen Lebensraum nicht passiert, ja es tat ihr fast ein wenig wohl, so beachtet zu werden. Ihre Arbeit bestand in der ersten Zeit darin, ein Humusgemisch aus Erde, Sand und Kompost in Plastiktöpfchen abzufüllen, dann in jedes Töpfchen einen Baumsamen einzupflanzen und nun täglich zu begießen. Das Wasser dazu musste mit einer Gießkanne im nahen Fluss geholt werden. Wenn alle heute bepflanzten Pflanztöpfchen genügend bewässert und mit etwas trockenem Gras gegen das zu schnelle Austrocknen geschützt waren, durften die Frauen die Arbeit beenden und nach Hause gehen. Fast für 10 Jahre sollte Alem in dieser Baumschule arbeiten, teilweise nur aushilfsweise und während der Kleinkind-Zeit ihrer Kinder durfte sie diese auch immer dabei haben. Die wurden dann, wie Kinder anderer Mütter, auf einem Ziegen- oder Lammfell unter einem Pfefferbaum in den Schatten gelegt, beim Aufwachen von den Müttern gestillt, um dann gesättigt wieder weiter zu schlafen.

*Arbeit in der Baumschule*

Sisay, der weder Ochs, Pflug noch Saatgut hatte, um seine eigenen Felder zu bestellen, arbeitete während der kommenden Monate meist auf den Feldern seiner Eltern oder Schwiegereltern oder bot diesen Dienst einer Frau an, die selbst dem Unkraut nicht Herr wurde. Das Getreide gedieh gut, doch galt es, die vielen kleinen Äckerchen von Unkraut zu säubern, indem Pflanze um Pflanze ausgerissen und am Feldrand zu einem Komposthäufchen gestapelt wurde. Nur zu gerne machte Sisay auf dem Weg zu den Feldern immer wieder einen Halt bei dieser und jener Kirche, wo er sich mit großer Aufmerksamkeit mit den dortigen Priestern unterhalten konnte. Alles wollte er über ihr Leben und Wirken wissen. Besonders Priester Kesis von der St. Michaels Kirche war in seiner Würdigkeit, seiner Ruhe, seiner Weisheit für Sisay der Inbegriff des Gesandten Gottes. Ihm lauschte er inbrünstig und fühlte tief mit, wenn Priester Kesis einer Frau mit einem kranken Kind den Segen spendete oder für sie betete.

Fünf Monate nach Beginn der Trockenzeit konnte das Getreide geerntet werden. Die Ernte war gut, beim Dreschen füllten sich die Getreidesäcke, welche von früheren Hilfslieferungen aus USD Amerika aufbewahrt wurden und auch die Speicherhüttchen in den Krals konnten mit Mais- oder Sorghum-Kolben gefüllt werden. Dadurch war die Ernährung für die nächsten Monate gesichert, die Bauern entsprechend zufrieden. Dies traf zwar nur für diejenigen zu, die selbst über ihre Ernte verfügen konnten. Anders bei denjenigen, welche das Saatgut auf Kredit kaufen oder für das Pflügen und Dreschen Ochsen bei anderen Bauern ausleihen mussten. Für diese galt es, zuerst diese Leistungen abzugelten. Dies erfolgte in aller Regel durch Abgabe von Korn, das zum Teil bis zu einem Drittel der Ernte als Entschädigung an sogenannte „reiche" Bauern abgegeben werden musste. Besonders hart betroffen davon waren alleinverantwortliche Frauen, die auf die Hilfe von Dritten angewiesen waren. Frauen, deren Männer nicht mehr aus dem erst vor wenigen Jahren beendeten Grenzkrieg mit Eritrea zurückgekehrt sind, oder von Männern, die dem Elend entflohen waren und versucht hatten, in einer Großstadt etwas Geld für ihre Familien zu verdienen.

Durch Alems Arbeit in der Baumschule und Sisays Mitarbeit bei der Familie und Nachbarn kehrte ein Alltagsrhythmus ein, der beide sehr, sehr glücklich machte. Tagsüber ging jeder seinen Aufgaben nach, bei Anbruch der Dunkelheit freuten sich beide immer riesig, einander wieder zu sehen, und es wurde zur Gewohnheit, dass die Abende im gegenseitigen Erzählen des Erlebten im kühlen Schatten der Akazie verbracht und dabei auch die Zärtlichkeit und körperlichen Vereinigungen die beiden beglückte. Sie waren füreinander bestimmt, Gott und das Leben wollten es so und beide waren ganz sicher, zu den Glücklichsten und Privilegiertesten dieser Erde zu gehören.

# Kinder

Was Alem schon länger wusste, aber erst an einem dieser Abende aussprach, war, dass sie inzwischen schwanger war. „Sisay, hast du auch schon bemerkt, dass mein Bauch größer wird und ich ein Kind von dir in mir trage?“, fragte sie ihn mit gespanntem Blick auf seine Reaktion. „Nein, das habe ich nicht gewusst, wird aber auch Zeit. Der Priester hat mir kürzlich gesagt, dass jenes Ehepaar hinter dem Keshiberg, welches etwa zu gleicher Zeit wie wir geheiratet haben, bereits ein Kind hat. Also wird es auch für uns Zeit, eine richtige Familie zu werden.“ Alem war ein wenig enttäuscht, dass Sisay nicht in Freudensprünge ausgebrochen ist und diese Neuigkeit mit solcher Sachlichkeit aufnahm. In dieser Beziehung kannte sie die männliche Seele der harten Tigray-Männer nicht, welche Kinderkriegen als eine Selbstverständlichkeit betrachteten und nicht als ein besonderes Geschenk Gottes.

Doch Alem freute sich riesig auf das Kind und zeigte ihren Kolleginnen in der Baumschule auch immer wieder gerne, wie sich ihr Bauch ausdehnte und wie ihr das Hüfttuch, welches Tigray-Frauen zur Stärkung ihrer Skelette umgürten, langsam zu kurz wurde. Mutter und Schwiegermutter berieten schon bald, welche Heilerin sie zur Geburt beiziehen möchten und verpflichteten bereits eine solche, wenn es dann Zeit war, auch rechtzeitig zu kommen. Für Alem bestand die Vorbereitung auch darin, von ihrem monatlichen Salär in der Baumschule für den Haushalt dies und jenes Utensil zu kaufen, nebst bemalten Porzellantassen für die Kaffee-Zeremonie wollte sie Hacke und Schaufel für den Garten und für ihr Kind unbedingt ein mit Kauri-Muscheln besticktes Baumwolltuch, um ihr Kind darin eingewickelt auf dem Rücken tragen zu können.

Es näherte sich der Tag der Geburt, ein Frauentag! Die Männer versammelten sich zwar auch unter der Akazie, doch als Alems Mutter Tigist und Schwiegermutter Lete begannen, im Kral weiße Baumwolltücher auszulegen, um sie an der Sonne zu wärmen und zu lüften, und gleichzeitig ein großes Feuer für das Kochen von heißem Wasser entfacht wurde, verzogen sich die Männer, Sisay in ihre Mitte nehmend, Richtung Fluss und ließen die Frauen gewähren. „Sisay, da deine Familie nun wächst, ist es höchste Zeit, dass du mit dem Anbau deiner Felder beginnst und dir eure Nahrung selbst produzierst", lenkte Vater Gebrewahid das Gespräch auf die Zukunft der Familie. „Bereits kündigt sich die Regenzeit an, du kannst also bald mit Pflügen beginnen. Saatgut werde ich dir mit dem von Alem in der Baumschule verdienten Geld beim Landwirtschaftsbüro beschaffen, und zum Pflügen kannst du meinen und Gebres Ochsen leihen. Als Gegenleistung kannst du auch meine Felder pflügen, du bist noch jung und kräftig und wirst dies in zwei bis drei Wochen gemacht haben. So ist uns beiden gedient." „Und", ergänzte Sisays Schwiegervater Gebre, „hast du auch schon Pläne mit Haustieren? Du brauchst künftig etwas Milch und Fleisch, Zeit also, dass du dir eine Kuh, eine Ziege und etwas Hühner zulegst. Ich werde dir als Geschenk zur Geburt deines Kindes eine trächtige Kuh leihen. Wenn du sie ausreichend fütterst und sie genügend Wasser kriegt, wird sie in einigen Monaten ein Kalb werfen. Dann hast du Milch für dein Kind und ein junges Kalb, das dir später Milch liefert. Dann kannst du mir die Kuh wieder zurückgeben." „Danke", begegnete Sisay erfreut und gleichsam fast ein wenig im Stolz verletzt, dass er sich dies alles nicht selbst beschaffen konnte, sondern leihen lassen musste. „Keine Sorge, ich kenne von meiner Feldarbeit viele Stellen, wo ich genügend Futter für die Kuh finden werde und auch für Wasser wird Alem gewiss sorgen. Und da ich wegen der anstehenden Feldarbeit noch nicht dazu komme, Steine für den Bau eines Stalles für die Kuh zu sammeln und ihn aufzubauen, werde ich ihr mit Pfählen von Eukalyptusbäumen einen Unterstand bauen, mit Geäst bedecken und sie im Kral unterbringen." So schmiedeten die Männer Pläne, während Alem in sich häufenden Wehen lag.

Alem war kräftiger Natur und ihr Körper durch die langen Märsche, das Arbeiten in der Baumschule und das tägliche Wasser und Holz Sammeln in guter Verfassung und durfte aus dieser Sicht der Geburt mit Zuversicht entgegensehen. Das ließ auch Martha, die inzwischen eingetroffene Heilerin mit reichlicher Hebammenerfahrung, positiv der Geburt entgegensehen und sie beruhigte Mutter und Schwiegermutter, es werde schon alles gut gehen. Allerdings wusste sie nur zu gut, dass es, eben wegen der Beschneidungen, gerade bei der Erstgeburt auch Komplikationen geben konnte. „Schaut, wie breit sie gebaut ist, wie kräftig und muskulös", ermutigte Martha die Mütter, als sie deren dauerndem Jammern, ob alles nur gut gehen werde, ein Ende bereiten wollte. Nach immer kürzer werdenden Wehen setzte der Geburtsvorgang ein. Alle drei Frauen redeten auf Alem ein, wie sie sich zu verhalten habe. „Drücken, tief atmen, stoßen, Becken anheben, liegen bleiben, Arme hinter den Kopf", und Ähnliches hörte Alem, die schwer atmete und immer wieder nach Luft schnappte. Sie versuchte, all den Anordnungen Folge zu leisten und es recht zu tun. Doch die Geburt verzögerte sich, auch wenn Martha dies nicht als beunruhigend empfand und um Geduld bat. Ruhig und besonnen sagte Martha, als sie ein erstes Händchen ertasten konnte: „Jetzt geht es dann schnell, bald wird alles vorbei sein, hilf weiter mit, Alem, es braucht die Kräfte deines Schoßes." Doch die Prophezeiung der schnellen Geburt war von Martha wohl zu früh. Die Kräfte der in Wehen und vor Schmerz stöhnenden Alem ließen nach und die Geburt gestaltete sich zunehmend schwieriger. „Zu wenig Platz fürs Köpfchen, wir müssen etwas schneiden, das hilft", entschied Martha, nahm das vorher bereitgelegte Messer und legte zu einem Schnitt an. Die anfänglich sanften, liebevollen Bitten an Alem, doch mehr für die Geburt zu tun, wandelten sich in forderndes Müssen und steigerten sich in schreiende Befehle „Jetzt strenge dich an, Alem, wenn du dein Kind retten willst, es wird jetzt höchste Zeit." Alem, in all ihren 18 Jahren gewohnt das zu tun, was man von ihr erwartete, sammelte ihre letzten Kräfte. Doch nur langsam, ja viel zu langsam entglitt das Köpfchen dem Körper. Etwas besorgt über die zu blaue Färbung forderte sie die Frauen auf, den Druck auf den Unterbauch von Alem zu erhöhen und ihr den Rücken zu stärken, damit der Geburtsvorgang endgültig beendet werden könne. Immer röter färbten sich die weißen Baumwolldecken, immer schwächer wurde Alems Atem und es machte sich jetzt ernsthaft Sorge breit, ob Mutter und Kind die Geburt wohl heil überstehen würden. Dass dies keine Selbstverständlichkeit ist, wussten alle drei Frauen zur Genüge. Zu viele Geburten endeten mit dem Tod, entweder des Kindes oder der Mutter. Nach langer Zeit dann endlich das erlösende Rausplumpsen des kleinen Kindskörpers, bläulich verfärbt, scheinbar leblos und das sich ergebende Röcheln von Alem, die sich schweißgebadet und erschöpft ergab. „Wasser, Wasser, schneller, Wasser“, schrie die Hebamme und begoss das Neugeborene mit Schwällen von Wasser. Zwischendurch blies und sog sie ihm Luft in Nase und Mund und mit sanften Hieben gegen die Lunge versuchte sie, das Kind zum Atmen zu bringen. Und, oh Glück! Marthas Geschick war von Erfolg gekrönt, das Kind begann erst schleimspuckend zu hüsteln, dann sich mit Händen und Füßen zu regen und einem ersten schwachen Schrei folgte ein stotterndes, nach Luft ringendes, zunehmend stärker werdendes Schreien des Kindes. Weinen, Heulen, Zungenjauchzen, Gottpreisungen erfüllten in Kürze die Hütte und alle Hände waren am Kind. „Weg aus der Hütte, nach draußen an die frische Luft mit dem Kind“, befahlt die Hebamme und die beiden soeben Großmütter gewordenen Frauen begaben sich nach draußen und hoben das Kind immer wieder in die Höhe, Gott entgegen, aus Dankbarkeit, aus Glück, aus Erleichterung und Freude. Alem hat den Lärm nach dem Erwachen des Kindes wie in Trance mitgekriegt, sie war aber zu müde, um daran teilhaben zu können. Auch nahm sie nur noch wie aus der Ferne wahr, wie die Hebamme sich noch längere Zeit an ihr zu schaffen machte. Es galt, die Geburtsstelle gründlich zu reinigen, die Blutung zu stillen und den Dammschnitt fürs Erste zu pflegen. Die von Martha in einer Kalebasse mitgeführte Salbe, ein Gemisch aus Honig, Blüten des Kossobaumes und zu Asche verbrannten Tierknochen, war ein bewährtes Mittel, um die Blutung zu unterbinden und die Wunde zu desinfizieren. Auch dieses Mal sollte dieses Naturheilmittel zum Erfolg führen.

Die Männer unten am Flussbett hörten das Geschrei im Kral und wussten, jetzt ist es so weit. Eilends erhoben sie sich, begaben sich zum Kral, betraten diesen in ehrfürchtiger Langsamkeit und noch ehe sie das Kind gesehen oder gar betastet hätten, beglückwünschten sie sich gegenseitig als Vater und Großväter. Gerade so, als hätten sie eine große Leistung vollbracht und nun verdient, dafür gelobt zu werden.

Nachdem das Neugeborene von den Großmüttern und der Hebamme gebührend umarmt, geküsst, bemustert und als Knabe besonders gewürdigt wurde, brachte Sisay das Kind zu Alem, legte es in ihre Arme. Als Alem das kühle Körperchen ihres Kindes auf ihrem Herzen spürte, brach sie in tiefes Schluchzen aus und verhüllte ihren Kopf in ihr Leinentuch. Doch die Kraft reichte noch aus für ein gedankliches Stoßgebet: „Gott im Himmel, ich danke dir, dass du Sisay und mir ein Kind geschenkt hast. Danke für deine allmächtige Gütigkeit.“ Dann schlief sie ein, mit ihrem Kind in den Armen.

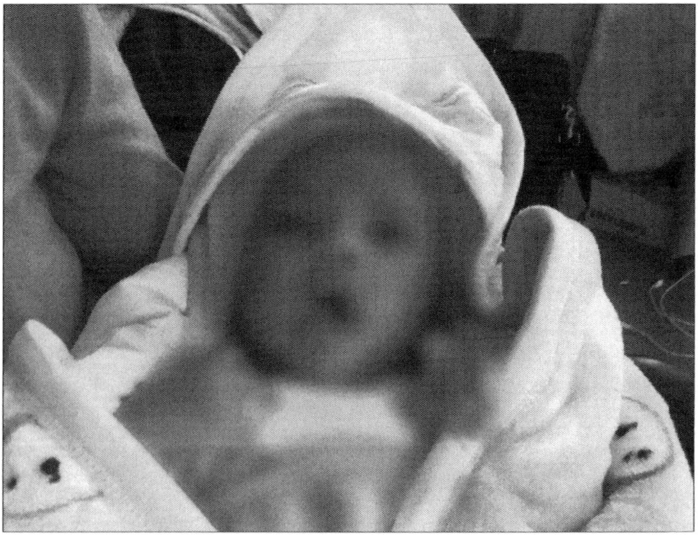

*Neugeborenes*

Nach wenigen Tagen erholte sich Alem von der Geburt, auch dank der Hilfe ihrer Mutter, die nicht mehr von ihrer Seite gewichen war und für die junge Familie die Hausarbeiten erledigte. Die große Freude an ihrem Kind prägte den Alltag und drängte Nachwehen und Schmerzen in den Hintergrund. Alem war nur glücklich. Weil immer noch viele Kinder das erste Lebensjahr nicht überleben, wird in jener Region ein Kind bald nach der Geburt getauft. Solomon, das war Alem schon lange klar, sollte das Kind heißen und so den Namen des Königs und Mitgründers des christlich-orthodoxen Glaubens in Äthiopien in die Zukunft tragen. Sisay war damit natürlich mehr als einverstanden, ging schon wenige Tage nach der Geburt zu Priester Kesis und bat diesen, bald nach Hause zu kommen, um Solomon zu taufen. Dieser ließ sich nicht zwei Mal bitten, ja er war erfreut, Sisay diesen Dienst erweisen zu dürfen, und vollzog die Taufe.

# Taufe

Allmählich kehrte Alltag ein und es entwickelte sich ein ganz normales Familienleben. Alem hatte die Arbeit in der Baumschule wieder aufgenommen, Sisay die von seinem Vater geliehene Kuh erhalten und bereits die Felder bestellt, wie dies am Tage der Geburt von Solomon vereinbart wurde. An Timkat, dem höchsten christlich-orthodoxen Feiertag, dem Tauffest, ging die ganze Familie in die nahegelegene Stadt, um dort an der Zeremonie in der Kathedrale teilzunehmen. Ein Freudentag, Tausende von Menschen in frisch gewaschenen Gewändern und Umhängen, die Frauen und Mädchen sorgfältig gekämmt, die Männer die Turbane noch höher als üblich gerollt und, wer einen solchen besaß, nahm seinen Rosshaar-Wedel in die linke Hand, um sich gegen die Fliegen zu wehren. Nach der Zeremonie begegnete die Familie der Hebamme. Natürlich nahm sie Solomon in die Arme und liebkoste ihn aufs Herzlichste. Doch statt ihn gleich wieder Alem zurückzugeben, begann sie ihn näher zu betrachten, fasste an dieses und jenes Gliedchen und schaute, wie er auf ihre Berührungen reagierte. Sie wurde etwas nachdenklich, gab Solomon der Mutter zurück und sagte beiläufig: „Alem, ich werde in den nächsten Tagen mal bei dir vorbeikommen, vielleicht am Sonntag, wenn du nicht in der Baumschule bist. Ich will Solomon nochmals untersuchen und mit dir reden." „Ja, gerne, komm doch bitte schon zum Mittagessen. Wir haben jetzt genügend Getreide, so dass wir drei Mal am Tage essen können und für dich hat es auch genug. Dann kannst du mit uns essen und wir können reden." Dieses Treffen sollte schon am nächsten Sonntag stattfinden. Nach dem Essen und einer Kaffee-Zeremonie entfernte sich Sisay, um noch nach etwas Futter für die Kuh zu suchen und das bei der Kaffee-Zubereitung verbrannte Holz wieder zu ersetzen und ließ die beiden Frauen alleine unter der Akazie zurück. „Alem", wandte sich Martha mit ruhiger, etwas ernsthafter

Stimme an die junge Mutter, „wir müssen schauen, irgendwie passt mir etwas an Solomon nicht. Schon am Tauffest ist mir aufgefallen, dass er nicht auf alle Berührungen richtig reagiert und auch in seinen Augen vermisse ich die Klarheit des Blickes. Ich sehe, dass du für ihn genügend Milch hast, gesunde Muttermilch, es kann also nicht an der Ernährung liegen." Nicht groß besorgt hörte Alem aufmerksam zu und überlegte sich, was der Hebamme wohl nicht passe. Ihr war bis jetzt nichts Besonderes aufgefallen, außer vielleicht, dass er hie und da mit Armen und Beinen etwas bizarre Bewegungen machte und auch auf Berührungen nicht immer wie erwartet reagierte. „Du weißt ja wohl", fuhr Martha fort, „welch schwere Geburt du hattest! Wie lange wir kämpfen mussten, ehe das Kind zur Welt kam und wie es am Anfang schwierig war, es zum Atmen zu bringen. Es könnte also sein, dass Solomon, vielleicht gerade wegen des Sauerstoffmangels, eine kleine Schädigung erlitten hat. Und wie gesagt: Das muss nicht sein, aber es könnte sein. Und je nachdem, das kann sich mit den Jahren verflüchtigen, es kann aber auch sein, dass er immer ein wenig beeinträchtigt ist." Alem wusste wohl, dass Marthas Worte auf der Erfahrung von vielen Hunderten von Geburten basierten und nicht unbedacht daherkamen. Plötzlich sah Alem den strahlend blauen Himmel nicht mehr! Wenn sie nach oben blickte, sah sie nicht mehr die mit ihren beige-weißen Blüten dicht behangenen Akazienäste, wischte nicht mehr die Fliegen aus dem Gesicht, sondern schloss nur noch in Innigkeit ihren Solomon in ihre Arme und drückte ihn an ihre Brust und dachte: „Solomon, mein lieber Solomon, wie immer deine Zukunft aussieht, ich werde immer für dich da sein, ich werde dir helfen, wir werden das meistern!" Mit diesem Versprechen verarbeitete und akzeptierte Alem die eingetretene Situation und sie machte sich weiter keine Sorgen mehr um die Zukunft von Solomon.

Die Hebamme sollte recht erhalten. Tatsächlich hatte Solomon einen leichten Geburtsschaden, der ihn später darin hindern sollte, je zur Schule gehen zu können und auch sein Geh- und Bewegungsapparat war leicht gestört. Er blieb zeitlebens ein leicht behinderter Mensch.

Weitere Jahre des glücklichen Familienlebens folgten. In kurzen Abständen vergrößerte sich die Familie um weitere drei Kinder, es wurden dem Paar nochmals zwei Knaben und ein Mädchen geschenkt. Die Geburten der drei nachfolgenden Kinder verliefen zum Glück ohne irgendwelche Komplikationen. Als zweites Kind erblickte Makeda, ein Mädchen, das Licht der Welt und in Jahresabständen folgten die beiden Buben Yared und Berihu. Sisay, sehr darauf bedacht, ein guter Vater zu sein, baute eine zweite Steinhütte, einen weiteren Unterstand für den inzwischen gekauften Ochsen und aus Dornen konstruierte er eine kleine Hühnerhütte, in welcher die Hühner nachtsüber geschützt waren.

So entwickelte sich die Familie Sisay im Verlaufe der Jahre zu einer kleinen Tigre Bauernfamilie, genügsam, zufrieden, dankbar und hart um eine bessere Zukunft ringend. Eine Idylle fast, wären nicht die Armut und die ständige Sorge ums tägliche Brot gewesen. Guten Jahren mit guten Ernten folgten immer wieder Jahre mit ausbleibender Regenzeit und entsprechenden Ernteausfällen. An diesen Rhythmus hatte man sich gewohnt und passte sich an. Wenn die Vorräte knapp und kein Geld, um Getreide zu kaufen, vorhanden war, so schränkte man sich halt ein. Zuerst reduzierte man von drei auf zwei Mahlzeiten täglich und zwangsläufig oft auch auf nur noch eine am Tag. Und wenn gar kein Korn, keine getrockneten Bohnen oder Pfefferschoten mehr vorrätig waren, blieb Alem nichts anderes, als der Weg zum Landwirtschaftsbüro, wo man in einem Schuppen etwas Korn zugeteilt erhielt. Dass dies nur gegen die Verpflichtung abgegeben wurde, als Entgelt dafür in der kommenden Zeit beim Bau von Straßen und Brücken Freiwilligenarbeit zu leisten, nahmen die Hilfsgüterempfänger widerspruchslos entgegen und erfüllten dann auch immer ihre Pflichten.

Mit dieser Bedürftigkeit und Armut wollten sich Alem und Sisay nicht auf Dauer abfinden. Sie hatten schon oft und immer wieder darüber geredet, dass sie Selbstversorger werden wollten und vor allem, dass ihre Kinder dereinst eine Ausbildung genießen sollten, die ihnen für das Leben eine gewisse Sicherheit bieten würde. Auf dieses Ziel hin arbeiteten beide hart. Alem hatte zwar die Arbeit in der Baumschule auf drei Tage in der Woche reduziert, da sie für ihre Familie mehr Wasser und Holz holen musste als früher und immer noch die Kinder bei sich hatte, die auch etwas Zeit beanspruchten, insbesondere Waschen unten am Wasserloch beim Fluss. Doch dank der Arbeit in der Baumschule verdiente sie so immer wieder etwas Geld. Und noch etwas: In der Baumschule lernte sie viel. Sie lernte den sorgsamen Umgang mit Samen und Pflänzchen, sie lernte, wie viel Humus, Wasser und Schatten Setzlinge zum Überleben brauchten, ja sie lernte viel über die Nützlichkeit der Bäume. Welche Art besonders schnell wuchs, welche Art, besonders hartes Holz, für den Bau von Dächern und Brücken geeignet war, welche Bäume wertvolle Substanzen für die Herstellung von Naturheilmittel liefern, die Blüten etwa, die Rinden oder Wurzeln. Ja, Alem eignete sich viel Wissen an und wollte dies später auch nutzen können. Zu Beginn jeder Regenzeit wurden die nun für Aufforstung kräftig genug gewachsenen Setzlinge aus der Baumschule wegtransportiert. Mit Militärlastwagen, Eselkarren oder einfach auf dem Rücken von Menschen wurden die Setzlinge zu Berghängen und Hügeln transportiert und dort in vorbereitete Pflanzlöcher eingegraben. Als Kompensation für empfangene Lebensmittelhilfe waren auch Alem und Sisay verpflichtet, dabei mitzuarbeiten und so lernten sie auch, wie groß ein Pflanzloch für einen Setzling sein muss, und wie man dafür sorgt, dass während der Regenzeit möglichst viel Wasser hinter dem Pflanzloch im Erdreich gespeichert werden kann. Der Vorarbeiter der Baumschule war seinen Frauen gut gesinnt und kannte, selbst ein Bauernsohn aus einem entfernten Dorf, die Nöte und Zukunftsbedürfnisse der Bauern in ihren Krals. Deshalb überzeugte er den Leiter des Forstbüros, Mr. Fekadu, dass er als Anerkennung guter Leistungen seiner Frauen zu Beginn der Regenzeit diesen einige Setzlinge gratis mit nach Hause geben durfte. Dass es jeweils bei der Verteilung derselben zu angeregten Diskussionen und hie und da auch kleinen Zänkereien kam, versteht sich, denn jedermann wollte natürlich seinen Anteil kriegen. Ganz besonders begehrt waren die wenigen Fruchtbaum-Setzlinge, auch wenn diese zu Hause viel mehr Pflege bedurften als gewöhnliche Baumsetzlinge. Die Setzlinge, welche Alem auf diese Weise erhalten durfte, pflanzte sie sorgsam außerhalb des Krals, die Baumsetzlinge am Hügel zwischen Kral und Fels und die Fruchtbäume gleich am Fuße des Hügels. Schon nach fünf Jahren entstand ein ganz kleines, aber schön wachsendes Wäldchen und am Fuße des Hügels erste Kaffeesträucher, einige Guava-, Kasmir- und Papaya-Bäumchen. Weil diese sehr viel Wasser benötigten, hob Sisay neben dem Fruchtbaumgarten einen großen Teich aus, der sich während der Regenzeit füllte und aus dem noch lange während der Trockenzeit Wasser für das Gießen der Fruchtbäume entnommen werden konnte.

*Fruchtbäume*

# Die Berufung

Gerade als Sisay mit seinen Tieren von der Tränke unten am Fluss zurückkam und diese an langen Lederseilen an einen Pfahl band, um ihr Entweichen zu sichern, tauchte aus der Ferne Priester Kesis auf und näherte sich dem Kral. „Das sieht aber schön aus bei euch, besonders das Wäldchen und die Fruchtbäume sind beispielhaft. Gut machst du das, Sisay, du bist wirklich ein tüchtiger Bauer“, lobte der Geistliche den sichtlich erfreuten Sisay. Nach dem Küssen des priesterlichen Kreuzes und den üblichen gegenseitigen Fragen und Rückfragen nach dem Befinden von Familie und Verwandtschaft lud Sisay den Priester ein, sich doch unter der Akazie auszuruhen und einen Becher Wasser zu trinken, ehe er weitergehe. Kesis tat dies, das hatte er auch im Sinne gehabt, denn er war nicht zufällig zu Sisay zu Besuch gekommen. Das sollte Sisay bald erfahren.

Es dauerte eine rechte Weile, bis der Priester Sisay von seinen Begegnungen der vergangenen Wochen erzählt hatte. Wer wo gestorben war, wem Tiere erkrankt seien, wer Familiennachwuchs erhalten habe, in welchen Krals es der Mangelernährung wegen Gesundheitsprobleme gebe und wo es im Flussbett noch Stellen gebe, wo man in etwa zwei bis drei Metern Tiefe morgendlich das Nachtwasser entnehmen konnte. Ja, so ein Priester, der tagelang umherwanderte, war eine interessante Quelle von Informationen. Sisay war fasziniert von all dem, was er an Neuigkeiten erfuhr, und fragte bei dem einen oder andern nach. Dann aber kam der Priester zur Sache und thematisierte den Grund seines Besuches.

„Sisay, du weißt, unsere heilige Kirche hat im kürzlichen Krieg mit Eritrea viele, ja zu viele Priester und Diakone verloren. Im Willen, den armen Soldaten in ihrer Not beizustehen, Segen und Sakramente zu erteilen, sind viele selbst in Gefechte verwickelt worden und so in Ausübung ihrer Aufgabe verstorben. Diese Priester fehlen uns heute. Viele der weit abgelegenen Krals können monate- oder gar Jahrelang nicht mehr besucht werden, wir können den Leuten nicht die nötige christliche und moralische Unterstützung bieten. Dadurch gibt es auch weniger Opfergaben, sodass die Kirche in Geldnöte kommt.“ Die Nachricht vom Priestermangel war für Sisay nicht neu, das hatte sich rumgesprochen. Besonders ältere Menschen erzählten immer wieder, wie regelmäßig doch früher Priester Haus und Familie segneten und wie dies heute rar geworden sei. „Deshalb haben wir Priester beschlossen, aktiv nach Männern zu suchen, die fähig und bereit wären, sich zum Priester ausbilden zu lassen. Ich kenne dich nun schon lange und verfolge deinen Lebensweg. Du, Sisay, du würdest die Anforderungen wohl erfüllen. Und deshalb bin ich hier. Ich weiß, das kommt für dich überraschend, aber ich will nicht lange reden, ich denke, du könntest ein guter Priester werden. Du bist tief im Glauben verwurzelt, du lebst einen korrekten Lebenswandel. Und du bist jung und stark und könntest mit Hausbesuchen ein weites Gebiet von Krals abdecken. Gewiss, ich habe schon lange an dich gedacht, du kannst mir vertrauen. Ich mute dir nicht zu viel zu, Sisay, du musst nur wollen und überzeugt sein.“

Sisay wusste nicht, wie ihm geschah! Er und einst ein Priester! Er, der einfache Bauer, der zwar 12 Jahre die Schule besucht hatte, aber die Heilige Schrift nicht kannte! Er, der nicht die Weisheit der Priester hatte und deren Würde ausstrahlte! Er, ein Priester? Solche und tausend ähnliche Gedanken kreisten in seinem Kopf und verunmöglichten klares Denken.

*Sisay mit Priester Kesis*

„Aber Kesis", entgegnete Sisay, als er sich etwas gefasst hatte. „Du bringst meine Gedanken ganz durcheinander und ich weiß gar nicht, was ich dir sagen soll. Du weißt, wie sehr ich mit meinem Bauernleben mit meiner Familie zufrieden bin und wie wir in den letzten Jahren ganz kleine Fortschritte erzielen konnten, damit unsere Kinder einmal ein besseres Leben haben werden. An der Erfüllung dieses Lebenszieles möchte ich weiterarbeiten, schon unserer Kinder zuliebe. Und eben: Ich glaube, ein guter Bauer zu sein, aber vom Christlichen verstehe ich viel zu wenig und kenne auch nicht die vielen Segens- und Trostsprüche, die du immer wieder sprichst und dadurch den Menschen Kraft gibst. Das kann ich doch nicht!" „Dies mit dem nötigen christlichen Handwerk lass meine Sorge sein, ich werde dir das Nötige beibringen", entgegnete Kesis und fügte bei: „Und du kennst ja die Worte der Heiligen Schrift: Wo ein Wille ist, da ist ein Weg! Also, sorge dich nicht deshalb. Und deinen Bauernbetrieb kannst du ja weiterführen und zwischendurch als Wanderprediger amten. Sieh deine Söhne an! Wie die heranwachsen. Schon jetzt nehmen sie dir mit Viehhüten erste Arbeiten ab, bald wird der Ältere pflügen und die Felder von Unkraut befreien können. Damit wirst du entlastet und kannst jede Woche einen bis zwei Tage, später vielleicht mehr, dein Priesteramt ausüben." Der Priester hatte sich dies wohlüberlegt und war um Antworten nicht verlegen. Natürlich war ihm bewusst, dass er Sisay mit seinem Anliegen total überraschen und verwirren würde, doch ebenso war er überzeugt, dass Sisay diesen Weg einschlagen würde. Erst als Alem mit den Kindern von der Baumschule zurückkam, sich vom langen Weg ein wenig erschöpft in gebührendem Abstand von den beiden Männern unter die Akazie setzte, machte sich Priester Kesis auf seinen Heimweg. Er ließ Alem und die Kinder sein Kreuz küssen, rühmte Alems Tüchtigkeit und guten Ruf, segnete Hütte und Kral und verabschiedete sich gemächlichen Schrittes. Dies, ohne Alem nur ein Wort zu sagen, was heute Nachmittag Gesprächsstoff war. Das sollte Sisay ihr selbst sagen.

*Unter der Akazie*

Während Alem üblicherweise nach der Rückkehr Sisay über die Erlebnisse des Tages berichtete und ihn so etwas Einblick in die Welt außerhalb ihres Krals gewährte, war es heute Sisay, der das loswerden musste, was ihn innerlich aufwühlte. War er jetzt angefragt, aufgefordert, ermuntert oder gar bestimmt worden, Wanderpriester zu werden? ER wusste nicht, welcher Ausdruck der richtige war, und informierte Alem mit inzwischen geordneten Gedanken und klaren Worten: „Alem, Priester Kesis will mich zum Wanderpriester machen. Du weißt ja, die können gleichzeitig Bauer bleiben, aber müssen jeweils einige Tage weg zu Hausbesuchen. Er meint, ich sei der rechte Mann dafür und wir müssten deswegen unsere Zukunftsaussichten für unsere Kinder ändern. Im Gegenteil: Wanderpriester sind Respektspersonen und du weißt ja, dass Familien von Respektspersonen in vielen Hinsichten privilegiert sind. Also wird sich auch dein Leben zu einem besseren wenden. Wir wollen heute beim Gebet Gott danken, dass er an uns gedacht hat." Alem senkte das Haupt, sie traute ihren Ohren nicht und es kreisten nun bei ihr die Gedanken wild im Kopf. Jedermann im Tigray wusste, dass Wanderprediger besonders gesegnete, würdige und respektierte Männer mit hohem Ansehen waren. Dass ihr Mann Sisay ein solcher Priester werden sollte, überstieg im Moment ihre Vorstellungskraft, erfüllte sie aber mit tiefer Dankbarkeit, mit tiefer innerer Freude und neu aufkommendem Stolz auf ihren Mann Sisay! Während all der Verrichtungen des Abends war diese Neuigkeit das Gesprächsthema. Sisay konnte nicht in der Hütte schlafen. Es war ihm zu eng, zu heiß, er war zwar müde, aber fand keine Ruhe. So ging er hinaus unter die Akazie, saß an dem Platz, an dem Priester Kesis gesessen hatte und dachte über den Tag nach. Er verbrachte eine schlaflose, unruhige Nacht voller klarer und wirrer Gedanken, Fantasien, Zweifel, Ängste und wandte sich mit Gebeten immer wieder an Gott, ihm doch den Weg zu weisen. Als die erste zarte Morgenröte den Himmel erhellte, kam Alem aus der Hütte, ging zum Wasserkanister, schüttete sich etwas Wasser in die Hände, erfrischte damit ihr Gesicht und kam bestimmten, langsamen Schrittes auf Sisay zu und sagte:

„Sisay, du wirst der beste Wanderprediger weit rum. Wir werden ein noch glücklicheres Leben führen. Gott meint es so gut mit uns. Du musst Priester Kesis JA sagen und wir müssten Gott danken!"

Die Klarheit und Bestimmtheit, mit der Alem dies sagte, überraschte Sisay nicht. So kannte er die inzwischen zu großer Reife entwickelte Frau, die stets den Überblick bewahrte und über eine erstaunliche, von Vernunft geprägte Urteilsfähigkeit verfügte. Und da er während seines Nachsinnens in der Nacht zum gleichen Ergebnis kam, war er sehr erleichtert und entgegnete Alem: „Und ich werde aber auch ein guter Bauer bleiben für dich und unsere Kinder."

Somit war der Entscheid gefällt. Noch gleichentags machte sich Sisay auf den Weg zur Kirche und übermittelte Priester Kesis seinen Entscheid. Dieser hatte ihn wie selbstverständlich so erwartet und entgegnete: „Gott segne dich, Sisay, und deinen Weg! Wir werden nächste Woche mit der Ausbildung beginnen, du kommst einfach zu mir in die Kirche, ich werde in den nächsten Wochen hier, jedenfalls nie weit entfernt sein, du wirst mir schon irgendwo begegnen."

# Vom Bauern zum Priester

Zwei, manchmal drei Mal wöchentlich ging Sisay, nach getaner Haus- und Feldarbeit und wenn die Kinder in Alems Obhut waren, zu Priester Kesis, um sich, wie er dies versprochen hatte, auf seine künftigen Aufgaben vorbereiten zu lassen. Begierig nahm er das Neue auf, das er über die Wurzeln des Christentums erfahren musste, vom Priester oft anhand alter Zeichnungen in Schriften oder an der Kirchenwand illustriert. Sogar von der alt-äthiopischen Bibelschrift Geez lernte er einige Zeichen kennen und durfte in der Bibel sehen, wie diese Zeichen vor Jahrhunderten sorgfältig gezeichnet wurden. Dieser theoretische Teil der Ausbildung überforderte Sisay etwas gar und er war immer froh, wenn der Priester auf die praktische Arbeit zu reden kam. Wie verhält man sich als Wanderpriester, welche Ratschläge, Wünsche und Empfehlungen durfte er in welcher Situation erteilen? Was für Ratschläge galt es in verschiedenen Lebenssituationen zu geben, etwa bei Krankheit, bei Unglücken, bei Hunger und Durst, bei Missernten, bei Streitigkeiten, bei Diebstahl; ja es gab der Vorfälle gar viele, denen er künftig begegnen sollte. Wem und wie durfte und sollte er Segen erteilen? Wem durfte er noch seine Hand reichen? Was durfte er als Obolus entgegennehmen? Wie war in Notfällen zu entscheiden, etwas vom gesammelten Geld einzusetzen? Tausend Fragen, auf die Sisay eine Antwort wissen wollte, um seine Arbeit dannzumal auch richtig gut zu machen. „Genau mit solchen Fragen wirst du konfrontiert werden und ich gebe dir auch gerne die für den entsprechenden Fall richtige Antwort. Aber weißt du, Sisay, ich kann dir jetzt noch so viel sagen. Wenn es dann ernst wird, musst du von Fall zu Fall selbst entscheiden. Wobei, du bist ja nicht allein, Gott wird dich begleiten. Er wird dir die richtigen Worte zuführen und ER wird dafür sorgen, dass deine Worte auch Wirkung zeigen. Vertraue auf Gott." Diese Antwort des Priesters verinnerlichte Sisay zutiefst. Erleichterung machte sich breit, die Zweifel waren ausgeräumt. Einer Eingebung gleich spürte er: Ich werde das schaffen und werde ein guter Wanderpriester sein.

Nach einigen Monaten – die Ausbildung wurde wegen des Priestermangels verkürzt – wurde Sisay in einer schlichten Zeremonie zum Diakon geweiht und als Abschluss der Ausbildung fand nach kurzer Zeit die Priesterweihe statt. Diese wurde in der großen Kathedrale im christlichen Axum, dem Zentrum des äthiopisch-orthodoxen Christentums, in überaus feierlichem Rahmen gestaltet. Das Kirchenoberhaupt, der Patriarch, war eigens aus der Hauptstadt Addis Ababa angereist und setze damit ein Zeichen, wie wichtig ihm die personelle Zukunft seiner Kirche ist. Zusammen mit etwa 20 weiteren Diakonen wurde Sisay mit Gebeten, Gesängen und rhythmischen Tänzen begleitet von Trommelschlägen um die Kathedrale geweiht.

*Priesterweihe*

Den Abschluss bildete eine Messe, in deren Anschluss die neuen Priester ihr silbernes, achteckiges Priesterkreuz umgehängt erhielten. Es war ein bewegender, ergreifender Freudentag, auch für die Familienmitglieder und die Tausenden von Gläubigen, welche der Zeremonie beiwohnten. Inniglich betend umfasste Sisay das Kreuz mit aller Kraft seiner Hände, schaute immer wieder auf die Kreuzigungsszene auf der Vorderseite des Kreuzes und las auf der Rückseite die Worte: „Dem Priester, der durch Wort und Leben den Gläubigen ein Beispiel gibt." Die Kette, die beim Priesterkreuz über den Rücken hinunterhängt, stellt das verirrte Schaf aus dem Evangelium dar, das der Priester, wenn er es gefunden hat, auf seinen Schultern tragen soll. Es ist gleichsam Auftrag, sich um das Heil seiner Gläubigen zu kümmern und andererseits das Kreuz als Zeichen der Hingabe seines Lebens an Christus zu tragen. Ebenso ergriffen wie erfreut und stolz erlebte Sisay diesen Höhepunkt seines Lebens und konnte es kaum fassen, welche Güte und Ehre ihm Gott zukommen ließ.

Nach der mehrstündigen Zeremonie und den Hunderten von Segenswünschen machte sich Sisay mit seinen Familienangehörigen auf den Weg nach Hause. Schon unterwegs kamen Menschen auf ihn zu, um sein Kreuz zu küssen und seinen Segen zu empfangen. Sich dem Kral nähernd segnete Sisay zuerst die kleinen Feldflächen, die sie passierten, dann den Kral, das Haus, die Viehunterstände und unter der Akazie den Tag ausklingen lassend segnete er immer wieder Alem und die vier Kinder. Er war überzeugt, nun mit der Kraft ausgestattet zu sein, all dieses Leben Gott anzuvertrauen und zum Guten zu lenken. Aus Sisay wurde nun ganz offiziell der neue Name „Priester Sisay".

Die ersten Hausbesuche als Wanderprediger machte Priester Sisay zusammen mit seinem Ziehvater, Priester Kesis, doch bald war er dazu alleine in der Lage. So oft es die Arbeit am Feld und um seinen kleinen Bauernbetrieb zuließ, machte sich Priester Sisay nun auf den Weg als Wanderpriester. Über ausgetrampelte Pfade wählte er jeden Tag eine neue Richtung. Dabei wurde er – sofern jemand zu Hause war und nicht Hundegekläff ihn vom Zutritt abhielt – in den Krals und Hütten meist ehrfürchtig und herzlich empfangen. Da die Männer tagsüber oft auf den Feldern arbeiteten oder mit ihrem Vieh unterwegs zu Wasserstellen waren, traf er vielfach nur auf die Frauen mit ihren Kindern. Aber es gab auch sonst sehr viele Frauenhaushalte in jener Gegend. Frauen, deren Männer nicht mehr aus dem Eritrea-Krieg zurückkehrten, oder aber auch Männer, die auf der Suche nach Arbeit in irgendeine größere Stadt abgewandert waren und nicht mehr zurückkamen. In den seltensten Fällen war es, weil sie eine Stelle gefunden hatten, in der Regel verelendeten solche Männer in den Slums der Vorstädte und brachten dann die Kraft nicht mehr auf, nach Hause, in geordnete Familienverhältnisse zurückzukehren.

Die Begrüßung glich immer dem gleichen Ritual, auch die Verabschiedung. Von Selam zu Selam, dazwischen Befragungen nach dem Ergehen, Abhören von Freud und Leid, Erteilen von Ratschlägen und Empfehlungen und dann die Segnung von Menschen, Tieren und Kral. Das Aufnehmen von derart viel Informationen, guten und schlechten, war auch eine neue Erfahrung für Priester Sisay. Er musste dies verarbeiten und war dann froh, wenn er abends nach seiner Rückkehr unter der Akazie Alem seine Eindrücke und Emotionen erzählen konnte.

„Weißt du, Alem, wir wissen ja überhaupt nicht, wie gut es uns geht, wenn ich unser zwar einfaches, aber sehr glückliches Familienleben mit ausreichend Nahrung mit andern vergleiche", musste Priester Sisay loswerden, was ihn beschäftigte. „Es ist einfach ganz schlimm, wie viel Leid es auf dieser Erde gibt, wie die Armut die Menschen erdrückt und Hoffnungslosigkeit den Menschen Kraft raubt. Und was die Menschen auch zermürbt, sind die steten Rückschläge. Ein Bauer führte mich heute zu seinem Teff-Feld am Fuße eines Hügels. Die Saat ist gut aufgegangen und der Teff kräftig gewachsen. Doch eines der letzten Gewitter der vergangenen Regenzeit hat vom Hügel derartige Schlammmassen über sein Feld geschwemmt, dass rund zwei Drittel der kommenden Ernte vernichtet sind. Er wird statt deren drei wohl nur einen Quintal Ertrag haben. Das ist bitter für ihn. Eine Bäuerin mit einer Schar Kinder führte mich hinab ins ausgetrocknete Flussbett, einige geflochtene Körbe mit sich tragend. Unten am Fluss waren zwei Nachbarn dabei, eine Kuh zu schlachten. Die Frau war mit der Kuh auf der Suche nach Futter oben am Rand der Schlucht entlanggelaufen, wo es noch einige Büschel trockenen Grases hatte. Dabei stürzte die Kuh etwa acht Meter in die Tiefe und hat sich die Beine gebrochen. Sie konnte nicht mehr aufstehen, so blieb der Frau nichts anderes übrig, als nach Nachbarn zu rufen, um die Kuh zu schlachten und wenigstens das wenige Fleisch dieser mageren Kuh zu retten. Aber die zwei Liter Milch, welche die Kuh täglich gab, werden den Kindern natürlich fest fehlen. Schlimm waren auch die wiederkehrenden Heuschreckenplagen. Riesige Schwärme von Heuschrecken fielen über die Felder her und wenn sie weiterflogen, waren die Ernten vernichtet. Natürlich versuchten Bäuerinnen und Bauern, diese Heuschrecken zu verscheuchen, aber da war jegliches Flattern von Tüchern oder Lärm nutzlos."

*Heuschrecken – Schwärme verdunkeln die Sonne und fressen Felder kahl*

„Es gibt aber auch viel Schönes“, fuhr Priester Sisay fort, „Bei einem Gehöft hörte ich schon von weitem frohe Stimmen und Kinderlärm. Beim Zutritt zum Kral sah ich, wie die ganze Familie beschäftigt war, die Kinder schwenkten blaue Uniformhosen und -jacken in der Luft, die Mutter ließ einen neuen 20-Liter-Plastikkanister nicht mehr aus den Händen und schnitzte an einem Holz, um einem Beil einen Schaft zu geben. Die Familie war soeben vom Markt zurückgekehrt, sie konnten Eier und Honig verkaufen und waren überglücklich, für drei Kinder die Schuluniformen und die übrigen Sachen kaufen zu können. Und als ich den Segen erteilt und mich verabschiedet hatte, kam die Frau nochmals auf mich zu und steckte mir einen Obolus zu. So gute Menschen!“

„Oh“, entgegnete Alem, die interessiert, ruhig und nachdenklich zugehört hatte, „es ist so schön, dir zuzuhören und mehr zu wissen, was sich in unserem Tal so tut. Du lernst jetzt viele neue Leute kennen. Und ich bin ganz sicher, dass du gerade denjenigen, die es brauchen, mit deinem göttlichen Auftrag viel Trost und Kraft spenden kannst. Ist es nicht wunderschön, dass Gott dich auf diesen Weg geführt hat?“ Alem war einfach ganz, ganz glücklich, gleichzeitig auch etwas stolz, einen solchen Mann zu haben und an seiner Seite in die Zukunft gehen zu dürfen. Inzwischen war es dunkel geworden, Zeit zum Schlafen.

Nachdem Alem am kommenden Morgen jedem etwas Injera als Frühstück in die Hände gedrückt hatte, brach sie außerhalb des Krals etwas Zweige von einem Sesbania-Strauch und warf es den Tieren zum Fressen hin. Gleichzeitig schickte sie Solomon, den Ältesten, mit einem 5-Liter-Kanister unten im Wasserloch im Flussbett etwas Wasser holen, packte etwas Fladenbrot in einen Korb und bereitete die andern drei Kinder vor, um sie zur Baumschule mitzunehmen. Solomon würde, wenn er mit dem Wasser zurückkommt, allein im Kral bleiben. Er war, das hat sich wenige Monate nach der Geburt deutlich gezeigt, doch erheblich behindert, vor allem geistig. „Zuwenig Luft gekriegt bei der Geburt“, hat ihr später Hebamme Martha bei einer Begegnung gesagt, „das kann leider vorkommen. Aber sei froh, dass er lebt und vor allem auch, dass du lebst. Denn es ist an einem Faden gehangen, und ihr wäret beide gestorben." Nun, Solomon würde also tagsüber beim Vieh im Kral bleiben, schauen, dass kein Tier entwich und dabei selbstversunken im Spiel mit Sand und Steinen den Tag verbringen. Aus Steinen verschiedenster Farben und Formen bildete er Tier- und Bergformen, ja gar die Silhouette der Schirmakazie konnte er darstellen. Priester Sisay bereitete sich tiefversunken in Gebete und beim Lesen eines Bibelteils aus einem Buch auf den Tag vor. Dann trennte sich die Familie, jeder ging seinen Pflichten nach.

# Waisenkinder

Ruhigen, würdigen Schrittes, gedankenversunken und auf die kommenden Begegnungen konzentriert ging Priester Sisay in eine neue Richtung. Er plante heute, einige der weit abgelegenen Hütten am langgezogenen Selamberg zu besuchen. Wie immer unterwegs begegnete er Bauern, die auf den Feldern Unkraut entfernten, Bewässerungskanäle ausbesserten, Frauen mit Bürden auf ihren Rücken Wasser, Holz oder sonst irgendetwas transportieren, Kinder auf dem Schulweg oder auch Alte, die sich wackeligen Schrittes etwas außerhalb des Krals getrauten. Bei den Begegnungen immer dasselbe Ritual: Die Leute kommen auf Priester Sisay zu, die letzten Schritte geneigten Hauptes, die Hände Richtung Kreuz gestreckt, um dann, vor dem Priester stehend, das von ihm hingehaltene Kreuz zu küssen, während er dazu „Grüß Gott, der Allmächtige segne dich" spricht. Gegen Mittag erreichte Priester Sisay eine Hütte halb oben am Selamberg, am Weg zum Keshi-Dorf. Als er auf den Kral zukam, erwarteten ihn am offenen Torgatter zum Kral drei Kinder, wohl etwa zwischen 3 und 7 Jahre alt. Auf den ersten Blick schon erschrak er, wie zerzaust, abgemagert und wie ungewohnt wortlos die Kinder ihn auf sie zugehen ließen. Im Kral, auf dem Vorplatz zur Hütte, lag ein Zebu-Rind, bis auf die Knochen abgemagert und an einem dürren Holzstück knabbernd. Die Kinder folgten Priester Sisay, das Mädchen ging neben ihm und zeigte mit der Hand wortlos auf die Tür zur Hütte, die offen stand. Ahnend, dass hier etwas nicht stimmen konnte, rief er „Selam" und betrat gespannt die Hütte. Fast hätte es ihn zurückgeschlagen: Ein fürchterlicher Gestank nach Fäkalien und Erbrochenem schlug ihm entgegen und Schwärme von Fliegen machten das Halbdunkel der Hütte zu einer Stätte des Entsetzens. Seinen Umwurf quer übers Gesicht schlagend gewahrte er auf der Lehmpritsche an einer Seitenwand ein in Tücher gewickeltes Lebewesen. „Das muss ein krankes Kind sein!“, schoss es ihm durch den Kopf, „deren Mutter auf der Suche nach Hilfe das Gehöft verlassen hatte und wohl bald zurückkehren werde.“ Er tastete nach Kopf oder Schulter, leise „Selam, Selam“ flüsternd, worauf sich das Menschenbündel ein ganz klein wenig bewegte. Bald erkannte Priester Sisay, dass dies nicht ein krankes Kind, sondern wohl deren schwer erkrankte Mutter sein musste. Er nahm sie in seine Arme und trug sie behutsam hinaus in den Kral und legte sie im Schatten des Viehunterstandes auf den Boden. Jetzt erkannte er das ganze Ausmaß der Tragödie. Vor ihm lag eine vielleicht etwa 40-jährige, jedoch uralt aussehende, ausgemergelte Frau, mit geschlossenen Augen, über und über mit Erbrochenem verschmutzt, schwarz vor Fliegen. „Um Himmels willen, allmächtiger Gott, hilf dieser Frau, hilf mir, das Richtige zu tun!“, entkam ihm ein Stoßgebet von Herzen. Von den Kindern erfuhr er nur, dass Mutter seit einigen Tagen krank sei und kein Brot mehr backen konnte. Wasser seien sie bei einem Wasserloch trinken gegangen. Sofort war Priester Sisay klar, dass hier sofortiges Eingreifen nötig war und er fasste den Entscheid, zu einigen Bauern, denen er auf dem Hinweg begegnet war, zurückzukehren und diese um Unterstützung zu bitten. „Kinder, ich werde Hilfe holen für eure Mutter. Wartet so lange hier, bis ich zurückkomme“, sagte er zu ihnen, kramte aus dem Lederbeutel unter seinem Umhang die Bohnenkerne hervor, die er als Proviant stets mit sich trug, und gab sie den Kindern. Unverzüglich machte er sich auf den Weg, um die Bauern zu mobilisieren, die ihm helfen sollten. „Nimm deine Wasser-Kalebasse mit, nimm deine Brotreste mit, nimm deine Schaufel mit, dort, schau, nimm jenen Holzstecken mit, auch die Axt“, gab er den Bauern strikte Anweisungen und bald folgte ihm eine Gruppe von sechs Bauern des eiligen Marsches zur Hütte der Bäuerin. Niemand kannte die Frau näher. Sie sei vor einigen Jahren mit ihrem Manne hierher gezogen, der habe sie aber verlassen und man wisse nicht, ob Verwandte in der Nähe leben oder wer von den Nachbarn allenfalls mit ihr Kontakt hatte, konnte Priester Sisay auf dem Rückmarsch in Erfahrung bringen. „Wo ist die nächste Krankenstation hier? Wer kennt eine Heilerin mit genügend Vorräten an Heilmitteln?", erkundigte sich Priester Sisay bei den Bauern, doch keiner konnte ihm eine befriedigende Antwort geben. „Wir müssen sie ins Tal runter tragen, bis wir die Schotterstraße erreichen, und dort werden wir sicher einem Militärlastwagen begegnen, der sie ins Militärlazarett nimmt, damit man ihr dort fürs Erste helfen kann", machte einer der Bauern den Vorschlag und da niemand eine Alternative kannte, waren alle froh um diese Idee. Tragbahren für Krankentransporte zu binden war für jeden Tigre oft geübte Routine und so war auch innert weniger Minuten eine Tragbahre gebunden, auf welche die Frau gelegt wurde. Sie ließ es regungslos über sich ergehen, vereinzelt schwach röchelnd. „Kinder, ihr folgt uns, wir bringen Mutter jetzt in ein Lazarett und für euch sorgen wir auch. Lauft uns einfach nach!", forderte Priester Sisay die Kinder auf. Bevor sie losgingen, reichten die Bauern den Kindern Brotreste und etwas Sonnenblumenkerne aus ihrem Proviant sowie Wasser. Vier der sechs Bauern hoben die Tragbahre auf ihre Schultern und entfernten sich Richtung Straße, die Kinder im Schlepptau. Priester Sisay und der andere Bauer kümmerten sich noch um Wasser und etwas Stroh für die Kuh, damit diese für die nächsten Tage versorgt war. Dann folgten auch sie dem Krankentransport.

*Krankentransport*

Nach etwa einer Stunde Marsch begann die Frau sich zu regen. Die Träger legten die Tragbahre behutsam auf den Boden und wandten sich der Frau zu, die verkrümmt, verkrampft dort lag, nach Luft rang und deren Mund voller blutigem Schleim war. „Die Frau wird sterben“, sagte einer der Bauern, „das wird nicht mehr lange gehen. Priester Sisay, übernimm du sie und segne sie. Das braucht sie jetzt.“ Stumm standen die drei Kinder um die Bahre, mit ihren Händen ihre Gesichter verdeckt, als wollten sie die Augen nicht sehen lassen, was hier vor sich ging. Priester Sisay hatte zwar bei Beerdigungen auch schon Tote gesehen, aber als Priester war er noch nie in eine solche Lage gekommen. In seinem Kopf suchte er nach den Richtlinien, die er von Priester Kesis für diesen Fall erhalten hatte, aber er konnte diese nicht mehr ordnen. „Eine Krankensalbung wäre jetzt wohl angebracht, aber die kann ich hier nicht machen, die Frau ist zu krank und ich habe kein Öl bei mir“, sagte er zu sich selbst. Zudem rang die Frau mit letzten Kräften mit dem Tode und da musste er sich doch auf das konzentrieren, was er ihr für diesen Fall zu sagen hatte. Kniend über die Sterbende geduckt betete er, die richtigen Worte zu finden, legte sein Kreuz auf den Kopf der Frau und sprach: „Der Herr, unser Gott vergebe dir deine Sünden, er vollende deine Buße. Er, der Allmächtige, sei dir gnädig und führe dich in sein Reich.“ Mehrmals wiederholte er dieses Gebet, dabei wechselnd aufstehend und sich wieder niederkniend, immer sein Kreuz auf der Frau fixiert. Die nebenstehenden Bauern brummten unverständlich nach. Es dauerte nur noch wenige Minuten, bis sich der Körper der Frau ganz ergab und sie verstarb. Die Malaria hatte ein weiteres Opfer gefordert. Traurig knieten sich die Männer in stillen Gebeten versunken nieder, die Kinder – wohl ahnend, dass sie nun ihre Mutter verloren hatten – taten es ihnen gleich. Priester Sisay erhob sich als Erster und wandte sich den Kindern zu. Er nahm sie an die Hand, legte ihnen sein Kreuz zum Kuss vor und segnete sie. „Kinder, eure Mutter hat diese Welt verlassen, sie ist jetzt im Reich Gottes. Dort wird sie es guthaben. Sie wird nicht mehr leiden müssen und der Allmächtige wird schauen, dass es ihr gut geht“, tröstete er die Kinder, welche fest umschlungen zuerst zaghaft in Schluchzen und dann in lautes Weinen und Wehklagen ausbrachen. Alles Zureden nützte nicht, die Kinder mussten sich ausweinen und wohl auch den tiefen Schmerz vieler vergangener Tage aus ihren Seelen weinen. Zögerlich kam einer der Bauern auf Priester Sisay zu und gab zu bedenken, man sollte nun das weitere Vorgehen festlegen. „Sollen wir sie zurück zur Hütte tragen?", fragte der Bauer, „damit die traditionelle dreitägige Totenfeier dort begangen werden kann? Aber wenn niemand Angehörige und Verwandte kennt, wen soll man dann benachrichtigen und wer wird dort auf die Kinder schauen?" „Nein", entgegnete Sisay, „ich habe mir dies auf dem Hinweg überlegt. Sollte die Frau sterben, dann werden wir sie zur St.-Michaels-Kirche bringen und dort morgen der Mutter Erde übergeben. Ich wäre jetzt einfach froh, ihr könntet den Totentransport übernehmen, es ist zwar noch ein ganzes Stück Weg und ihr werdet kaum vor Sonnenuntergang zurück in euren Häusern sein. Der Verstorbenen zuliebe sollten wir dies aber tun." In einer Selbstverständlichkeit hoben die Bauern die von der Krankenbahre zur Totenbahre gewordene Trage auf und folgten Priester Sisay. Die Kinder, noch immer schluchzend und weinend, stolperten hinterher.

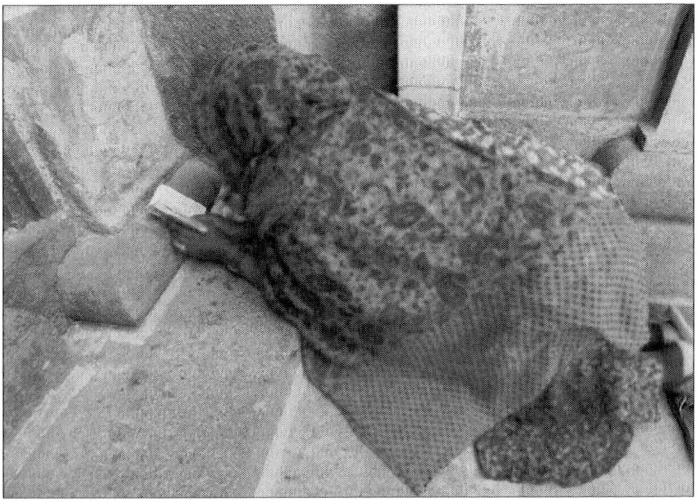

*Beten an der Kirchenwand*

Die Sonne stand schon tief am Horizont, als sie die Kirche erreichten. Priester Kesis war nicht anwesend, einzig eine Frau – wohl von einem naheliegenden Kral – kniete in tiefem Gebet versunken an der Kirchenwand. Als sie die Situation erkannte, stimmte sie ein christlich-orthodoxes Klagelied an. Wortfetzen, den Männern bekannt, wie „erfülltes Licht, Erde und Totenwelt, Beginn des neuen, ewig währenden Lebens, wie Christus im Tode begraben, in einem neuen Leben wandeln können", hallten in den Abendhimmel. Doch die Männer wurden ungeduldig. Es wartete noch ein langer Nachhauseweg auf sie und man wusste noch immer nicht, wohin mit der Toten. Priester Sisay entschied schnell: „Die Verstorbene betten wir hier in der Kirche, die Tür ist offen. Du, Frau, findest drinnen Totentücher, nimm eines und wickle es um sie. Und ihr, Männer, legte sie dann auf den Teppich im Gang. Dann sollt ihr nach Hause gehen und morgen nach Sonnenaufgang wieder hierherkommen. Dann sollt ihr dort", er zeigte mit der Hand leicht den Hügel hinab, „bei den anderen Gräbern ein Grab ausheben, damit wir sie morgen beerdigen können. Und du, Frau, du wohnst ja wohl nicht weit, du schaust, dass jemand deiner Familie nachtsüber Totenwache hält. Ist das möglich?" Sisay ordnete dies in erstaunlicher Klarheit an und – wie üblich, wenn eine Respektsperson Anweisungen erteilt – niemand hatte eine Widerrede. „Die Kinder nehme ich mit mir, mit meiner Frau werde ich eine Lösung finden."

Der Nachhauseweg für Priester Sisay mit den drei Kindern dauerte lange, zum einen, weil die Kinder vor Erschöpfung kaum mehr gehen mochten, zum andern, weil in der dunklen Nacht Vorsicht beim Gehen geboten war. Als er den Kral betrat, war schon später Abend, unter der Akazie brannte eine Kerze, Alem, welche die Schritte der Herannahenden schon lange wahrgenommen hatte, sprang auf Priester Sisay zu und begrüßte ihn mit einem herzlichen SELAM, die Erlösung, dass er heil hier war, stand ihr ins glückliche Gesicht geschrieben. Gleichzeitig nahm sie jetzt auch die Kinder wahr in der Annahme, die Eltern würden auch gleich in den Kral eintreten. An der Art, wie sich alle drei Kinder eng an die Beine von Priester Sisay klammerten, hätte sie eigentlich ahnen müssen, dass dem nicht so ist. Jedenfalls wandte sie sich den Kindern zu und setzte sie unter die Akazie. Je mehr sie erkannte, desto bekümmerter wurde Alem und fragte Priester Sisay: „Was ist nur mit diesen Kindern los? Wer hat sie dir gegeben? Die sind ja ganz ausgemergelt, schmutzig, die Gesichter voller Mückenstiche und an den Ärmchen nur noch Knochen!" „Was ist da nur passiert, um Himmels willen?", schoss es ihr durch den Kopf, ehe Priester Sisay ihr den Tagesverlauf im Wesentlichen schilderte und dabei noch mit sich haderte, ob er beim Hinschied der Frau auch wohl die richtigen Worte gebetet habe. „Oh, mein lieber Mann", versuchte Alem, ihm Sicherheit zu geben. „Du hast das Richtige getan und sicher hast du die richtigen Worte gefunden, sei unbesorgt, ich bin stolz auf dich und Gott sicher auch." „Aber jetzt müssen wir zuerst den Kindern etwas zu essen, zu trinken und wärmere Kleider geben. Es hat in einer Fett-Dose noch etwas Gemüsebrei und etwas Fladenbrot auf dem Mesob (äthiopischer Korb-Ess-Tisch), ich schaue nach Kleidern." Als sie die Kinder fürs Erste versorgt hatten, legten sie sie in der Hütte auf ein Kuhleder am Boden, zwischen die Schlafbänke ihrer eigenen vier Kinder. Zurück unter dem Akazienbaum besprachen sie das Nötigste für den morgigen Tag. Sie entschieden sich, alle zusammen nach dem Füttern der Tiere mit den Kindern zur Beerdigung zu gehen.

Als die Familie von Priester Sisay mit den drei nun zu Waisen gewordenen Kindern bei der Kirche eintraf, hatten die Bauern bereits ein Grab geschaufelt. Die Frau von gestern Abend hatte zusammen mit Nachbarinnen die Leiche gewaschen und in ein weißes Totenleinentuch gewickelt und gleichzeitig dafür gesorgt, dass sich die Nachricht von der anstehenden Beerdigung etwas verbreitet hatte. So fanden sich etwa 20 traditionell weiß gekleidete Leute ein, um an der Beerdigung teilzunehmen, hie und da trug eine Frau eine Sonnenblume, einen blühenden Sorghum-Stengel zum Schmuck, andere hefteten sich die blauen Blüten der Leinenpflanze an Haar oder Ohr, sehr einfach, und doch ein Zeichen der Verehrung der nicht bekannten Fremden. Priester Kesis als Zuständiger für die Kirche war für einige Tage nach Axum verreist, so dass es an Priester Sisay lag, die Abdankungszeremonie durchzuführen. Auch erstmals, auch wieder etwas Neues für ihn. Er hatte die Segnungen dafür auswendig gelernt und hatte keine Mühe, die kurze, schöne Zeremonie zu gestalten. Das Bedrückende für ihn waren die drei Kinder, die wie in Trance das alles über sich ergehen ließen, sich dabei immer in der Nähe von Alem aufhaltend. Als die letzten Steine auf den kleinen Erdhügel über dem Grab gelegt waren, stimmten die Frauen nochmals in einen Totengesang ein, umkreisten nochmals das Grab. Priester Sisay beendete die Zeremonie mit der Segenserteilung und den Wünschen, der Allmächtige möge Menschen, Tiere und Heim schützen und behüten und allen hier und auf Erden reichlich Ernte sichern. Sich bedächtig vom Grab entfernend wurde noch über dies und das geredet, Informationen ausgetauscht, Abmachungen getroffen, ehe man sich voneinander verabschiedete und jeder seines Weges ging. Auch die Familie von Priester Sisay mit den drei Waisen kehrte zu ihrem Kral zurück. „Was soll nun aus den drei Waisen werden?“, fragte Alem Priester Sisay, als sie in einiger Distanz zu den Kindern zurückliefen. „Es gibt weder im Dorf noch in der Stadt ein Waisenheim und wer nimmt gerade drei Kinder auf? Und sie zu trennen ist auch immer schmerzlich. Gerade jetzt, da sie so viel Schmerz und Leid erfahren mussten, wäre es schon schön, die drei könnten – wenigstens die nächste Zeit – beisammen sein.“ „Ja“, stimmte Priester Sisay bei, „vielleicht können wir ihnen ja vorübergehend Obdach anbieten. So wie letzte Nacht. Zu essen haben wir genügend. Dann kann ich mich auf meinen Wanderungen erkundigen, ob sich irgendwo eine Familie finden lässt, die bereit wäre, die Kinder aufzunehmen.“ „Eine andere Möglichkeit wäre, dass ich in den nächsten Tagen mal vom Dorf aus mit einem Überland-Bus in die Hauptstadt der Region fahre. Dort gibt es doch dieses Flüchtlings-Auffanglager für Flüchtlinge aus Eritrea. Dort hat es sicher auch Waisen, deren Mütter oder Väter während der Flucht ums Leben kamen und jetzt dort allein sind. Dann wären sie eingebettet in eine Kinderschar und das Rote Kreuz oder andere Organisationen würden sich der Kinder annehmen. Dort würden sie sicher gut aufgehoben sein", schlug Alem vor. „Ich bin mir da nicht so sicher", entgegnete Priester Sisay, „was ich gehört habe, haben es die Flüchtlinge nach Ankunft recht gut. Aber nach wenigen Wochen werden sie weiter weggebracht, teilweise in ganz andere Landesgegenden, weit entfernt von hier. Und Waisenkinder sollen zum Teil auch direkt in Waisenheime in der Hauptstadt Addis Ababa gebracht werden, von wo aus sie dann zur Adoption freigegeben werden. Das möchte ich aber auch nicht. Ich möchte es auch nicht jetzt entscheiden. Wir gehen jetzt zurück und leben wie vergangene Nacht, vielleicht mal ein paar Tage, und dann schauen wir weiter." Alem, schon den Alltag mit einer siebenköpfigen Kinderschar, ihren Pflichten im Haus, Wasser und Holz beschaffen und dann noch in der Baumschule arbeiten auf sich zukommend sehend, war froh, jetzt nicht weiter darüber nachdenken zu müssen und stimmte, ein wenig besorgt, aber auch erleichtert zu.

Am Tage darauf entschieden sich die beiden, die drei Kinder einstweilen in ihre Familie aufzunehmen und ihnen ein Heim zu bieten. Alem und Priester Sisay fühlten sich dazu aus christlicher Nächstenliebe verpflichtet. Sie waren fortan einfach ihre zusätzlichen „drei Kinder".

# Gedeihen

Sieben Jahre nun waren sie schon die Familie Priester Sisay und gar manches hatte sich in diesen Jahren erfreulich entwickelt.

Solomon, der Älteste, konnte seiner geistigen Behinderung wegen nicht zur Schule, er erwies sich aber für die Familie als ein Segen, denn er war kräftig, arbeitsam und geschickt im Umgang mit den Tieren und der Arbeit ums Haus und auf dem Feld. Er entlastete vor allem seine Mutter in vielfältiger Weise, ja sogar Wäsche konnte er selbst unten beim Fluss am Wasserloch waschen gehen. Die beiden älteren Kinder, Makeda und Yared, gingen bereits zur Schule, zuerst halbtageweise, ab der dritten Klasse ganztags. Die Kleinen zwei und die angenommenen blieben tagsüber meist bei Solomon zu Hause, oder Alem nahm sie mit in die Baumschule. Da die Eltern nichts, aber auch gar nichts über die angenommenen Kinder wussten und trotz mehrmaligem Nachfragen nichts in Erfahrung bringen konnten, entschloss sich Priester Sisay, diese drei Kinder an Timkat (Tauffest) zu taufen.

Der größere Haushalt erforderte nicht nur zusätzlichen Schlafplatz, sondern vor allem auch mehr Nahrungsmittel. Zwar konnte Alem vom Verdienst in der Baumschule genügend Korn, Zucker, Salz, Bohnen oder Mais hinzukaufen, sie hatte aber die Absicht, mehr davon selbst zu produzieren. Deshalb ging sie in das Landwirtschaftsbüro, informierte den dortigen Leiter über die angenommenen Kinder und bat, man möge ihr zusätzliches kultivierbares Land zuteilen, damit sie mehr anbauen könne. Dieser hatte dafür Verständnis, war aber nicht in der Lage, ihr kultivierbares Gemeindeland zu verpachten. „Wir können dir", so sagte er nach längerem Blättern in einem Stoß Papier, „etwas weiter oben am Berg einige Streifen Land abgeben, die müssen aber zuerst von Dornengestrüpp und Gebüsch gerodet werden. Die Erde dort aber ist stark erodiert, ich kann dir nicht zusichern, dass auch etwas wächst. Weil es ziemlich weit oben ist, hat es natürlich auch kein Wasser in der Nähe und wenn schon, wirst du es höchstens einmal während der Regenzeit bebauen können. Aber wenn du willst, kann dir einer unserer Betriebsberater die Stellen zeigen und dann kannst du dich entscheiden." Alem musste nicht lange überlegen. „Ich nehme es und werde es anschauen gehen. Aber du kannst mich schon einschreiben." „Gut, Mr. Fekadu wird sich bei dir melden, dann kann er dir den Weg dorthin zeigen und du siehst das Land." Ehrerbietend verneigte sich Alem und verabschiedete sich rückwärtsgehend das Büro verlassend mit den Worten: „Ich danke dir für deine Güte." Wenige Tage später schon meldete sich Mr. Fekadu, um das Land zu übergeben, d. h. ihr zu zeigen, wie sie den besten Weg dorthin findet und wo die Abgrenzungen der Feldstücke waren. Die vier Feldstücke sahen etwa so aus, wie Alem es erwartet hatte. Steinig, abschüssig, mit niederwachsendem Dornengebüsch überwachsen, dazwischen einige Agaven. Es war ihr klar, es würde viel Arbeit geben, das Land kultivierbar zu machen, insbesondere das Terrassieren mit Trockenmauern. Aber Steine dafür hatte es ja genügend, irgendwie würden sie dies schon schaffen. Und dann, wenn es dann so weit war, konnte sie hier Teff anbauen, diese genügsame, auch in ariden Böden gedeihende Wildhirse, die mit dem Wasser der Regenzeit wachsen und dann ausreifen konnte. Aus Erfahrung schätzte sie ab, dass es hier möglich war, 2 Quintal Teff zu produzieren, was wiederum Nahrung für etwa drei Monate bedeutete. Alem setzte sich auf einen Stein und versank in ein tiefes Gebet. Sie dankte Gott für seine Güte und bat um Segen für die künftigen Ernten.

Zurück im Kral ging sie zu ihren Fruchtbäumen, die mehrheitlich gut gewachsen waren. Schon wiederholt konnte sie Papayas ernten und auch jetzt wieder pflückte sie einige der vitaminreichen Guava-Äpfel und Avocados.

*Glücklich dank Fruchtbäumen für eine bessere Ernährung*

Seit ihre Familie um die drei Waisen angewachsen war, wurde der Platz in der Hütte viel zu eng und auch der in den letzten Jahren um weitere Schafe, Ziegen, einen Ochsen und eine zusätzliche Kuh angewachsene Viehbestand forderte mehr Platz. Den Kral zu vergrößern hätte den Abbruch und das Versetzen der soliden Trockenmauer erfordert, so dass man davon abließ. Hingegen entschieden sich Priester Sisay und Alem, anschließend an den Kral einen neuen, größeren zu bauen und dann mit einem Durchbruch zu verbinden. Dafür wurden viele Steine benötigt. Doch auch hier zeigte sich eine ideale Lösung. Solomon, der Behinderte, der schon von klein auf einen besonderen Bezug zu Steinen hatte, war in seiner Freizeit oft am nahen Felshügel, wo er, wie er das bei anderen Bauern schon gesehen hatte, mit einer Eisenstange und einem Pickel immer wieder Steine aus dem Fels brach, so dass am Fuße des Felsens schon eine ganze Menge Steine verschiedener Größen herumlag. Genau diese Steine wurden nun für den Bau des neuen Krals benötigt und sie reichten auch, um an der Rückwand der Hütte, im neuen Kral, eine weitere große Hütte zu bauen, die zum Heim der Kinder wurde. Da bei den Eltern von Alem zunehmend ihre Geschwister die Arbeiten übernahmen, hatte ihr Vater Gebre immer wieder mal Zeit, mitzuhelfen.

Alem hatte in der Baumschule viel gelernt, sie zählte inzwischen zu einer der Erfahrensten, auf die man hörte. Selbst der Formann folgte oft ihren Empfehlungen, besonders dann, wenn er eine Arbeit routinemäßig nach Plan machen wollte, Alem aber der Situation entsprechend die Prioritäten anders setzte und dies die bessere Lösung ergab. Dieses in den vielen Jahren der Zusammenarbeit erarbeitete Privileg nutze Alem auch, als es darum ging zu entscheiden, an welchen Berghängen und Hügeln die diesjährigen Setzlinge der Baumschule aufgeforstet werden sollten. „Formann", wandte sich Alem an diesen, „du kennst den länglichen Hügel, sonnenuntergangs von unserem Kral, dort, wo fast in jeder Regenzeit viel Humus und Geröll in den Fluss geschwemmt wird. Dort oben sollte man unbedingt aufforsten und so verhindern, dass Schlammmassen die Felder unten im Tal überschwemmen. Ich würde dort verschiedene Akazienarten pflanzen, die haben am ehesten die Chance, dort zu wachsen, würden in der Regenzeit nicht ausgeschwemmt und könnten auch eine längere Trockenzeit überleben. Zudem wäre es landschaftlich so schön, wenn später einmal ein Akazienwald jenen Hügelzug schmücken würde." Für den Formann war der Vorschlag nicht abwegig, es war von der Regierung ohnehin entschieden worden, dass in den kommenden Jahren der Aufforstung von Berghügel und Bergkuppen im ganzen Land eine große Priorität eingeräumt wurde. Also stimmte er zu und versicherte Alem, diesen Hügel ins Programm aufzunehmen. Was er nicht wusste, ja nicht wissen konnte, waren die Beweggründe, weshalb Alem ihm diesen Vorschlag machte. Er fragte auch nicht danach. Alem aber wusste genau: Wenn diese Bergkuppe aufgeforstet würde, dann wäre dies für ihre Felder von großem Nutzen. Schon bei der Aufforstungsvorbereitung würde ein kleiner Pfad gemacht, auf dem die Bauern hochgehen mussten, um die Pflanzlöcher zu graben, später mussten auf jenem Pfade die Pflanzensetzlinge hochgetragen werden und dann aber würde ihrer Familie dieser Pfad dienen, um zu den Feldparzellen zu gelangen und später mit den Ochsen hochzugehen, um zu pflügen. Alem hatte mit ihrem zielstrebigen Denken und einer kleinen Portion Schlauheit ihr Ziel erreicht. Sie würde dort oben am Hügel bald wertvolle zusätzliche, geschützte Anbauflächen haben!

Es hatte sich in der Baumschule rumgesprochen, dass eine ausländische Organisation dem Landwirtschaftsbüro die kostenlose Abgabe von Gemüsesamen in Aussicht gestellt hatte, die in erster Linie an alleinverantwortliche Frauen abgegeben werden sollten, damit diese etwas Gemüse anbauen und so die Ernährung ihrer Familie verbessern konnten. Interessierte Frauen konnten sich dort melden und eintragen lassen, mussten aber nachweisen, dass sie wirklich die Haushaltspflicht alleine zu tragen hatten. Das traf auf Alem nicht zu, weshalb sie keine Berechtigung hatte, sich in die Schlange zu stellen und sich eintragen zu lassen. Trotzdem tat sie dies und beabsichtigte zu argumentieren, dass sie als Frau des Wanderpriesters, der schließlich für das Seelenwohl der Menschen so viel Gutes tue, allein für die Ernährung der Familie zuständig war. Die für die Einschreibungen zuständige Frau des Landwirtschaftsbüros wies Alem schroff ab. „Du bist verheiratet, du hast einen Mann und weißt genau, dass du kein Anrecht hast. Geh! Verschwinde!“ Alem wusste, die Frau tat ihre Pflicht und dass sie von ihr nicht anständiger behandelt wurde, erstaunte sie auch nicht. Leider zu oft waren die auf Amtsstellen Arbeitenden überheblich und ließen Bittsteller ihre Macht spüren. Dieser Versuch war missglückt, nun musste sie eine andere Lösung finden. Und die fand sich. Am Tage der Verteilung des Gemüsesamens gesellte sie sich auf dem Nachhauseweg zu Frauen, die etwas von den Samen erhalten hatten und beklagte sich bei denen, dass sie leider keine Begünstigte sei und – vor allem auch nachdem sie vor Jahren schon drei Waisen aufgenommen habe und ihr Mann tagelang für das Wohl anderer Menschen weg vom Kral sei – doch eigentlich auch Anrecht auf eine kleine Gabe haben sollte. Beim Einhergehen beklagten sich die Frauen, wie streng doch die Bürokratie im Lande sei, wie viel Verständnis sie für Alem hätten, was für eine herzlose, eingebildete Frau die Einschreiberin sei und dass einem solche Amtsstellen das Leben eher erschwerten als es leichter zu machen. Bei einer Rast an einer Wegböschung begann eine der Frauen in ihrem Bündel zu wühlen und kramte den Samen hervor, den sie erhalten hatte. Man hatte beim Aufteilen den Samen in Fetzen von verschriebenen Notizblöcken aus dem Büro eingepackt. Es waren winzig kleine braune Sämlinge, kaum einen Millimeter groß und man hatte keine Ahnung, was daraus werden sollte. „Alem, ich weiß gar nicht recht, was ich mit diesen kleinen Dingern anfangen soll! Wie sollen so kleine, trockene Krumen Gemüse geben? Und das in meiner steinigen, groben Erde!“ Die Frau war zwar wie die andern instruiert worden, wie flach man die Samen in die Erde legen und sie wie oft mit Wasser gießen musste, doch die Frau schien nicht daran zu glauben. „So, nimm diesen Samen, Alem, und wenn du dann Glück damit hast, kannst du mir ja vom Gemüse geben.“ Sorgsam griff Alem zu, nahm das Papier mit den vielleicht 50 Sämchen drin zaghaft in die Hände, als wäre ihr eine zerbrechliche Kostbarkeit überreicht worden. Sie wollte es versuchen! Sie hatte in der Baumschule schon so viele Setzlinge, die am Serbeln waren, wieder zu neuem Leben erwecken können. Das Zauberwort kannte sie: Wasser!

Noch am selben Abend ging Alem mit Solomon, eine Hacke, einen halben Kanister Wasser und das Papier mit den Gemüsesamen mitnehmend, zum Fruchtgarten. Am Rande desselben musste Solomon fußbreit und etwa fünf Meter die Erde umgraben und zerhacken. Sie mischte feine Erde mit Kuh-Dung und legte diese Humusmischung dann auf den von Solomon gelockerten Boden. Obwohl sie keine feinen Finger hatte, gelang es ihr, Samenkorn um Samenkorn dem Papier zu entnehmen und diese in regelmäßigen Abständen einige Millimeter tief einzudrücken. Als dies getan war, schüttete sie sich aus dem Kanister Wasser in die Hände, bespritzte damit sorgsam die Saatfläche und zeigte Solomon, wie er dies künftig jeden Tag zu tun hatte. „Möge die Saat sprießen“, stieß Alem ein Stoßgebet zum Himmel und ging zurück zum Kral.

# Hausbesuche

Priester Sisay machte sich – um sein Gelöbnis einzulösen – mehrmals wöchentlich auf, um Menschen unterwegs und Familien in ihren Krals zu besuchen und Anteil an ihrem Leben zu haben. Inzwischen hatte ihm Alem seine Plastiksandalen durch ein paar Lederschuhe ersetzt, so dass er trittsicher auch die entlegensten Krals, Häuser und Hütten aufsuchen konnte. Es existierten keine Karten, wo sich das ihm zugeordnete Gebiet abgrenzte, aber ungefähr wusste er, in welchen Gemarchen er zu wirken hatte. Es war der Teil des weitverzweigten Haupttales, welches zwischen 20 und 50 Kilometer von Osten nach Westen führt, mit einer Unzahl von Nebentälern. Wegen dieser großen Distanzen war es Priester Sisay nur beschränkt möglich, jeweils abends nach Hause zurück zu kehren, es gab Wochen, da war er drei, vier Tage unterwegs, ehe er wieder nach Hause kam. Er bewegte sich meist in völlig unbekanntem Gebiet und entdeckte auf seinen Wanderungen nicht nur die faszinierende Schönheit der nordäthiopischen Landschaft, sondern auch deren Rauheit, Kargheit und Gefährlichkeit während der Regenzeiten. Die Menschen, denen er begegnete, waren alle vom selben Stamm, dem Stamm der Tigre angehörend. Nur ganz vereinzelt traf er auf Nomaden aus der Danakil-Tiefebene, die nomadisierend mit ihren Kamelen auf der Suche nach Futter unterwegs waren. Wenn er sich im Haupttal aufhielt, traf er vereinzelt auch auf Touristen, die auf der dort durchführenden Geröllstraße mit ihren Geländefahrzeugen unterwegs zu den heiligen Stätten der christlich-orthodoxen Kirche waren. Deren Chauffeure waren in der Regel Angehörige der Stämme aus dem zentralen Hochland oder aus dem Süden.

Wo Priester Sisay auftauchte oder sein „Selam" jemandem zurief, war er höchst willkommen und wurde ehrerbietig empfangen. In seiner Bescheidenheit waren ihm unterwürfige Begrüßungen eher peinlich. Er wollte wissen, wie es den Menschen ging. Die Alten zuerst. Diesen meist von harter Arbeit, Entbehrungen, übermenschlicher körperlicher Beanspruchung, von nicht verfügbarer medizinischer Versorgung beeinträchtigten oder gar von vergangenen Kriegen versehrten oder geschundenen Menschen wollte er helfen. Den Blinden, den seit Geburt oder durch Unfall als Krüppel Behinderten, denen galt sein besonderes Mitgefühl. Genauso den Kranken, nicht selten verursacht durch das Trinken verschmutzten Wassers, durch Insektenstiche oder Schlangenbisse, mit Organschäden durch Unter- und Fehlernährung Geschädigten. Als mitfühlender, aufmerksamer Zuhörer lernte er Lebensgeschichten kennen, die er nie für möglich gehalten hätte und nicht selten fragte er sich fast an seinem Glauben zweifelnd: „Wo warst du, Gott? Als dieser Mann bei der Reparatur seines Hausdaches zu Boden fiel und seither auf Gesäß und Händen sich fortbewegen muss?“ „Wo war der barmherzige Samariter, als dieser Frau während eines Gewitters beim Wasser holen am Flussufer das Kind entglitt, sie es den Fluten entreißen wollte und erst viele Stunden später unten am Flussufer mit zerquetschtem Bein gefunden wurde, ohne Kind?“ Oft meinte er, in den Augen dieser Menschen diese Frage zu erkennen, war aber dankbar, dass sie ihm so nicht gestellt wurde. Er hätte wohl nicht die richtige Antwort gefunden. Doch wenn er aus den Schriften zitierte, „dass letztlich jede Fügung Gottes Wille sei und ER alleine wisse, wofür Geschehenes für das Seelenheil des Menschen gut sei“ und anschließend den Segen erteilte, durfte er oft ein Leuchten in den Augen der Betroffenen erkennen und Worte echter Dankbarkeit entgegennehmen.

Er lernte auch eine neue Seite des Menschen näher kennen: das Böse. Wie Menschen sich – nicht nur im Krieg – nein, oft fast einer Banalität wegen brutales Leid zufügen und ganze Familien in großes Unglück stürzen können.

Das meiste jedoch waren schöne, zum Teil auch lustige Begegnungen. Dies meist dann, wenn Familien mit Kindern in ihrem alltäglichen Trott durch seinen Besuch unterbrochen wurden.

Dann wurden zuerst Brot, Bohnen, Mais, mal Honigwasser oder gar frische Kuhmilch dargeboten. Es wurde zusammengesessen, diskutiert, erzählt oder über dieses und jenes Vorkommnis gelacht. Groß war überall der Informationsbedarf, was der weit Herumkommende zu erzählen hatte. Wie es hinter jenem Berg mit der Dürre sei, ob die Rauchschwaden in der Ferne vergangene Woche von einem neuen Krieg seien oder von einem Waldbrand, welche Verbindungsstraßen in der Regenzeit wieder weggeschwemmt wurden, oder ob es zutreffe, dass dort eine neue Schule und andernorts eine neue Kirche gebaut wurde oder werde. Es waren der Fragen viele, die der Priester zu beantworten hatte.

Dass sich die Gespräche auch immer um die Themen Wassermangel, Heuschreckenplage, Hunger, Nahrung, Armut drehten, war Gewohnheit, auch, dass darüber nicht gejammert oder geklagt wurde, sondern Fragen nach Lösungen im Vordergrund standen. Dass der Priester selbst nur in äußersten Notsituationen materiell etwas beitragen konnte, das wussten die Menschen und erwarteten es auch nicht. Was sie erwarteten, waren Ratschläge oder Erfahrungsberichte aus anderen Gebieten, wie man den Ertrag des Teff steigern, wie man gelagertes Korn besser gegen Mäuse schützen oder den Milchertrag der Kühe steigern könnte. Mit den Jahren war Priester Sisay tatsächlich in der Lage, manchen nützlichen Hinweis zu geben, denn sein Erfahrungsschatz reicherte sich zunehmend an. Bei den Ratschlägen an Familien war ihm eine Empfehlung, nein, ein Appell immer sehr wichtig und je länger er seine Mission ausführte, desto eindrücklicher wirkte er auf die Eltern ein: „Schickt eure Kinder zur Schule! Auch wenn der Weg noch so lange ist und ihr um deren Mithilfe noch so froh wärt. Geht selbst Wasser holen und Holz sammeln, es ist wichtig, dass die Kinder für die Zukunft lernen. Dann werden sie eine Zukunft haben.“ Auf Gegenreden war er vorbereitet. „Fehlendes Geld für Schuluniformen, wer sammelt den Tier-Dung zum Trocknen ein, die älteren Kinder müssen doch auf die Kleinen aufpassen, wer hütet die Ziegen“, und was immer an solchen

Bedenken und Ausflüchten vorgebracht wurde, da war Priester Sisay konsequent. „Ja, das müsst ihr selbst bewältigen, Gott wird euch helfen, SEIN Segen sei euch gewiss." Das andere Anliegen war die Geburtenrate. Noch immer galten Kinder als Altersvorsorge und die Geburtenrate mit rund sieben Kindern pro Familie war zu hoch. „Eure halben Hektare Land, die ihr zum Bewirtschaften habt, reichen nicht aus, um 10 Menschen zu ernähren!", konnte er recht deutlich werden und löste nicht selten bei einer Frau einen spontanen Blick nach unten aus, ob er wohl schon bemerkt habe, dass sie schon wieder schwanger ist? „Und auf ewig werden uns andere Völker nicht Hungerhilfe leisten, da ist schon heute immer ein Feilschen drum, wer auf der Welt wie viel kriegen soll. Nein, was ihr braucht, müsst ihr selbst produzieren. Ihr müsst Selbstversorger werden, und das könnt ihr mit eurem Land nur dann, wenn ihr euch auf drei bis vier Kinder beschränkt. Und wie ihr dies machen müsst, das könnt ihr jeweils hören, wenn ihr zu den Versammlungen des Dorfältesten geht. Dort wird seit Jahren regelmäßig informiert, wie ihr euch zu verhalten habt." Gar manchen der Ehepaare war es bei diesen Ratschlägen nicht wohl. Besonders die Männer neigten in solchen Situationen oft dazu, sich umzusehen, ob nicht gerade ein Tier aus dem Kral entweiche oder sonst eine Arbeit ohne Aufschub gemacht werden müsse, die ihr sofortiges Entweichen rechtfertigen würde. Doch mancher Frau, die schon aus Eigeninitiative versuchte, den Nachwuchs zu beschränken, kamen diese Worte gelegen. Andere nahmen sie auf und wollten bei einer künftigen Versammlung hingehen und mehr darüber erfahren.

Nur ganz wenige Male begegnete er auch Frauen, die im Priester auch, aber nicht nur den Gottesmann sahen, sondern auch DEN Mann. Dieser kräftige, schöne Mann übte einen besonderen Reiz auf Frauen aus, doch nur einzelne ließen sich dies anmerken. Es gab jedoch schon diese und jene, vom Mann verlassene Frau, die ihr Bedürfnis nach Körperlichkeit, vielleicht nach etwas Zärtlichkeit, vielleicht nur nach Berührung signalisierte. Die untrüglichen Anzeichen der Anbiederung glichen sich: Mit strahlend großen Augen dem Priester direkt ins Gesicht sehen, beim Kreuz-Küssen versuchen, ein ganz klein wenig auch die Hand des Priesters mit den Lippen zu erwischen, beim Hinsetzen sich nicht neben, sondern möglichst gegenüber dem Priester zu platzieren, gerne und alle Zeit der Welt für ihn zu haben oder – was dann schon auffordernd war – ihm einen Becher Tella, selbstgebrautes Bier, anzubieten. Meist war es ein Abtasten der Frau, wie der Priester auf ihre Reize reagieren würde und manche schämten sich schon des Versuchs wegen zu Tode. Sie waren so erzogen und wussten, dass Priester Heilige und Unantastbare waren. Für andere war es ein Spiel mit dem Feuer. Sie hatten nichts zu verlieren, außer, wenn etwas nach außen dringen würde, ihren Ruf. Aber sie wollten schon aufpassen, dass etwa keine Kinder in der Nähe waren, wenn sie sich dem Priester mit Gestik anboten.

Priester Sisay wusste mit solchen Anfechtungen umzugehen, auch wenn er selbst während der mehrtägigen Wanderungen die Sexualität mit Alem vermisste. Auch schon hatte er sich ertappt, wie er beim Weitergehen dann noch an die allein Zurückgelassene dachte. Verpasste er da nicht etwas? Sollte er der Frau – und sich – nicht einen Gefallen tun und sich mit ihr einlassen? Es gab solche Gedanken. Doch Priester Sisay war stark genug, solchen Versuchungen zu widerstehen. Von Priester Heimoz wusste er auch, dass Wanderpriester vor solchen Anfechtungen nicht gefeit sind. „Hüte dich“, so hatte er ihm eingeredet, „bei solchen Frauen zu verbleiben. Die Verlockung mag, gerade wenn du tagelang unterwegs bist, groß sein. Doch du musst ihr widerstehen, denn du weißt, wir Priester müssen Vorbild sein“, und er erzählte ihm die Geschichte eines Priesters, dessen Ruf durch derlei Frauengeschichten auf immer geschädigt war. Er malte ihm auch in düsteren Bildern vor, was das dereinst für seine Heimkehr zu Gott für Folgen haben könnte. War da nicht von ewiger Verdammnis bei Sünde die Rede? Schon – aber auch wieder von Vergebung. Wie dem auch sei. Für Priester Sisay galt es, seinen anständigen Weg zu gehen und jeder Versuchung zu widerstehen.

Um die Mittagszeit am dritten Tag dieser Wanderung mochte Sisay seine Mission beenden, um die restliche Woche zu Hause zu arbeiten. Die Regenzeit stand bevor, und da galt es die Felder zu pflügen, um diese für das Säen vorzubereiten. Nach einer Stunde würde er das Ende jenes Dorfes passieren, wo Alem in der Baumschule arbeitete, er wollte sie dort abholen und dann mit ihr nach Hause gehen. Vielleicht müssten sie sich beeilen, denn bereits bauten sich am Himmel erste Kumuluswolken auf, die für den Abend Gewitter verhießen. „Ja, lieber Gott, lass es regnen, der Regen wird Segen sein", sprach er ein Stoßgebet und schritt wohlgemut auf das Dorf zu. Frauen, Holzbürden, Wasserkanister oder Kleinkinder auf ihren Rücken tragend, liefen denselben Weg und die üblichen Segnungen und Gespräche mit ihnen verzögerten sein schnelles Fortkommen, so dass er wohl zu spät kommen würde, um Alem noch abholen zu können. Aber das war auch recht, schließlich hatten diese Menschen seine Fürsprache nötig. Immer tiefer hingen die Wolken, als er sich endlich dem Dorf näherte, starke, aufkommende Böen erfrischten auf wunderbar angenehme Weise und Priester Sisay war voller Freude auf erste Regentropfen, auf Wasser, dieses Brot der Erde.

*Gewitter im Anflug*

Als er am Dorfende auf die Hauptstraße gelangte, brach dann tatsächlich ein starkes Gewitter aus, begleitet von knallenden Blitz- und Donnerschlägen. Es begann innert Kürze zu regnen, als wollte der Himmel alles ausschütten, was er in den vergangenen acht Monaten der Trockenzeit an Wasser angesammelt hatte. Priester Sisay kannte das Dorf und wusste, dass dort am Ende der Straße ein Haus war, in welchem man sich etwas zu trinken kaufen konnte. Da er auf seinen Wanderungen immer ausreichend versorgt wurde, war er noch nie dort gewesen, doch jetzt entschied er, dorthin zu gehen, um einen Tee zu trinken und abzuwarten, bis sich das Gewitter etwas verzog.

# Gewitternacht

Durch die trotz Windböen und starken Regenfall offene Tür ging er in das Haus mit leicht bläulich gefärbtem Anstrich und der Bezeichnung „Bar". Er betrat einen Raum mit drei kleinen Tischen und einigen wenigen Stühlen, einer Kühltruhe und einem zwei Meter langen Thekenbrett. Im Halbdunkel erkannte er eine ältere Frau am Tisch sitzen und eine jüngere Frau kauernd vor einem Holzkohleofen bei der Zubereitung von Kaffee.

„Selam, Selam", stand die Frau vom Stuhl auf, ging schneller, als es ihre Körperfülle vermuten ließ, auf Priester Sisay zu und begrüßte ihn mit den Worten: „Du kommst gerade zur rechten Zeit, Priester, sei willkommen, setze dich hin, wer weiß, vielleicht brauchen wir bei einem solchen Gewitter deinen Schutz", fügte sie spöttelnd hinzu. Mit gewohnter Ernsthaftigkeit begrüßte und segnete Priester Sisay die zwei Frauen, ehe er sich an einen Tisch setzte. „Ich warte hier gerne das gröbste Gewitter ab und wenn du hast, trinke ich gerne ein Glas Wasser oder einen Tee." „Gibt es gleich", antwortete die Frau und forderte die Kaffee zubereitende Frau in forschem Ton auf, vorwärtszumachen und endlich auch eine Kerze auf den Tisch zu stellen, damit man etwas sehen könne. Als die Kerze den inzwischen dunkel gewordenen, vom Holzkohlerauch durchdrungenen Raum erhellte, konnte Priester Sisay die Frau erkennen. Sie mochte um die 40 Jahre alt sein, mollig mit vifem Blick und fast übertriebener Höflichkeit. Die mit der Kaffeezubereitung beschäftigte Frau war noch jung, sehr scheu, würdigte den Priester keines Blickes, sondern konzentrierte sich voll auf ihre Arbeit. Sie war noch jung und – nahm Priester Sisay an – nicht die Tochter der Frau, sondern eine Hausangestellte. „Kannst auch gerne einen Tej (selbstgebrannter äthiopischer Schnaps aus Honigwein) oder ein Bier haben, wenn du gerne möchtest. Lass es dir wohl gehen! Es sieht nicht so aus, als ob das Gewitter schon bald vorbei wäre und bei uns bist du wohl aufgehoben“, versuchte die Frau ihn aufzuhalten. Sie war sehr gesprächig und daran interessiert, vieles über ihn in Erfahrung zu bringen. Von sich selbst erzählte sie nur, dass sie vor Jahren aus dem Norden hierherkam, dieses Haus mieten konnte und nun mehr schlecht als recht lebe. „Während des Krieges war es gut, das waren goldene Zeiten. Da kamen öfters Soldaten vorbei, die waren froh, in meinem Haus etwas zu trinken zu kriegen, eine ruhige Nacht zu verbringen und etwas Abwechslung von ihrem gottverdammten Kriegsalltag zu haben. Ja, für mich war der Krieg eine gute Zeit, da hatte ich auch noch vier Mädchen hier, heute gibt es kaum Arbeit für zwei. Aber jetzt, da arbeiten die zurückgekommenen Männer auf den Feldern, wohnen bei ihren Familien und nehmen sich nicht mehr die Zeit, bei uns gemütlich einzukehren“, beklagte sie sich. Priester Sisay erhielt endlich einen feinen Kaffee, den er mit Genuss trank, während die Frau gelegentlich hinter die Theke ging, um sich etwas Trinkbares in ihr Glas nachzuschütten. Je länger das Gespräch dauerte, desto deutlicher gewahrte Priester Sisay, dass die Leutseligkeit der Frau wohl auf Alkoholgenuss beruhte. Entsprechend forscher und unkontrollierter redete sie und rief einem im Hinterhof, draußen unter einem Vordach arbeitenden Mädchen zu, sie möchte endlich etwas Essbares auf den Tisch bringen. „Bist du auch eine jener gottverlassenen Seelen, die dauernd umherwandern und sich das Gejammer der Leute anhören muss? Und dabei den Leuten noch das letzte Geld aus den Beuteln zieht?“ Entrüstet ob dieser Frage brauste Priester Sisay auf. „Wie redest du über den heiligen Priesterstand? Priester, die so viel Gutes tun und Segen über die Menschen hier bringen! Das ist unerhört! Ich muss dein Bild korrigieren! Das bin ich meinen Priesterkollegen schuldig!“ Er kam ans Feuer, um das Prasseln des Regens auf dem Blechdach zu übertönen wurde er lauter, vehementer, ließ sich – zur Beruhigung von der Frau angeboten – dann zwischendurch doch mal ein Glas Tej anbieten, vergaß die Welt um sich und die Stunden zogen dahin.

*Das blaue Haus*

So weit hat Priester Sisay, etwa fünf Monate später, als er im Sterben lag, seiner Frau Alem die Geschichte seines Aufenthaltes im blauen Haus erzählt. Was sonst in jener Nacht passiert ist, hat er mit ins Grab genommen.

Erst Jahre später kam Alem das Gemunkel an die Ohren, Priester Sisay müsse in jener Nacht wohl erkrankt sein, denn es seien noch andere Männer, die hie und da dort einkehrten, mit einer Krankheit angesteckt worden und daraufhin verstorben. Auch Mädchen, die bei der Frau arbeiteten, seien schon erkrankt und verstorben.

# Unwürdig

Priester Sisay kehrte einen Tag später als geplant nach Hause zurück. Alem hatte sich zwar Sorgen gemacht, doch nicht allzu sehr. Sie vertraute darauf, dass er auch in jener Nacht, als über die ganze Region ein verheerendes Gewitter niederging, irgendwo Schutz gefunden hatte. Besorgt wurde sie erst, als sie ihn daherkommen sah. Sie war nach der Arbeit noch im Gemüsefeld am Unkraut hacken, als sie ihn von weitem sah. Doch statt des gewohnt froh-strammen Schrittes lief er langsam, blieb immer wieder stehen, wandte den Blick zurück, als würde er nach jemand ihm Folgenden Ausschau halten und kam nur zögerlich Richtung Gemüsegarten. „Selam, Priester Sisay", rief ihm Alem herzlich zu, „sei willkommen zurück. Wir freuen uns so sehr, dass du wieder hier bist und dass du dieses schreckliche Gewitter gut überstanden hast. Die Kinder tollen alle im Kral und mögen es nicht erwarten, dich zu sehen! Komm, du wirst Hunger haben, Makeda hat frische Fladenkuchen gebacken!" Ein freudloses „Selam" mit starrem Blick an den Augen von Alem vorbei irritierte Alem total. Ihre Freudigkeit wich sorgenvollem Suchen nach der Ursache für die ungewohnt kalte, ja fast abweisende Begrüßung. „Priester Sisay, was hast du? Bist du so hungrig oder erschöpft von einem langen Marsch? Oder bist du etwa krank?", fragte Alem auf ihn zugehend und ihn am Arm fassen wollend. Doch Sisay entzog sich ihr, wandte sich wortlos ab und lief auf das vor Jahren angepflanzte Wäldchen zu. „Oh", dachte Alem, „jetzt ist klar, er ist wieder mal an Durchfall erkrankt und geht sich in den Wald entleeren. Doch das könnte er jetzt ja in der eigens dafür gebauten Latrine tun! Warum nur geht er wie früher in den Wald?" Alem wusste, wie entkräftend Durchfall wirken konnte, ging eiligen Schrittes zum Kral und beauftragte Makeda, frisches Wasser aufzukochen. Für solche Notfälle bewahrte Alem immer einige Samen des Kümmel-Krautes sowie getrocknete, zerriebene Blätter des Moringo-Baumes auf, die, in heißem Wasser aufgekocht, Magen und Darm beruhigen würden. Nach drei, vier Tagen würde es wieder gut sein!

Der Tee war längst bereit, als Priester Sisay den Kral betrat und sichtlich innerlich erregt wurde, als die Kinder freudig auf ihn zukamen. Doch – ganz im Gegensatz zu üblich – auch den Kindern mochte er sich nicht zuwenden, sondern ging in die Hütte, hängte sein Priesterkreuz an die eigens dafür vorgesehene Stelle an der Wand, nahm sich einen baumwollenen Umhang, ging nach draußen und setzte sich wortlos auf einen Stein an der Kralwand. „Du willst noch etwas draußen bleiben“, wandte sich Alem fürsorglich an ihn. „Die frische Luft wird dir guttun. Unter der Akazie ist es vom gestrigen Gewitter noch zu nass, also komm nachher rein zum Schlafen, wenn du dich etwas erholt hast!“ Alem forderte die Kinder auf, Vater allein zu lassen und nicht zu stören. Bald kehrte Ruhe ein.

Priester Sisay verbrachte die Nacht nicht in der Hütte. Als Alem vor Sonnenaufgang dies feststellte, ging sie zu ihm raus, doch er war nicht mehr hier. Irritiert fragte sich Alem, wo er wohl sein möge. „Ging er wohl wieder ins Wäldchen, um seine Notdurft zu verrichten, die einen Menschen in einer solchen Situation ja aus dem Gleichgewicht bringt?“, fragte sie sich. Bald stellte Alem fest, dass Priester Sisay gar nicht unter Durchfall litt! Als sie dies erkannte, machte sie sich neuerlich Sorgen. Hat ihn etwa eine Schlange gebissen? Mit zu wenig Gift, um zu sterben, aber mit genügend, um seinem Körper Schaden zuzufügen? Oder hat ihn doch eine dieser Mücken gestochen, die in der Regel zwar erst nach der Regenzeit schlüpfen, oder was mag ihn so verändert haben? Oder war er gar in einen Streit verwickelt, bei dem es einen Toten gab? Nein, das hätte sich schnell rumgesprochen. Das Suchen nach der Ursache blieb erfolglos.

Es bleibt das Geheimnis von Priester Sisay, wo er diesen Tag sowie auch die nächsten Tage und Wochen, die immer ähnlich verliefen, verbracht hat. Die Nacht verbrachte er im Kral, vor

Sonnenaufgang entfernte er sich und kam erst beim frühen Einnachten zurück, aß etwas, um wieder wortlos und die Kontakte zu seiner doch so geliebten Familie meidend irgendwo zu sitzen und vor sich hin zu sinnen.

*Sonnenuntergang – Unheil kündigt sich an*

Für Alem und die Kinder war es ein schmerzliches Erfahren, wie sich ihr Vater von ihnen abwendete und seinen eigenen Gedanken nachhing. Doch Alem, obwohl selbst am meisten unter dieser Situation leidend, versuchte den Kindern das Verhalten des Vaters mit seiner Erkrankung zu entschuldigen und sie zu trösten. Gleichzeitig spornte sie sie an, noch besser auf Tiere und Felder zu schauen, damit die Arbeit ja nicht in Rückstand geriete und Vater dann Freude habe, wenn er – gesund und wieder kräftig – sehen könne, wie tüchtig seine Kinder seien. Sie selbst aber mochte sich mit der Situation nicht abfinden und begann nach Hilfe zu suchen. Zuerst bei ihrer Mutter, der sie zuerst alles erläuterte und dann klagte, wie schwer es ihr falle, Priester Sisay so leiden zu sehen. „Ach, Alem", versuchte Tigist sie zu trösten, „er wird auf seiner Wanderung ein ganz schreckliches Schicksal miterlebt haben, das ihn so aufwühlt und das er noch nicht verarbeitet hat. Das wird schon wieder kommen. Gib ihm Zeit! Hier, nimm diesen Krug mit Honig und gib ihm täglich davon, das wird ihn wieder stärken." Alem nahm dies zwar, doch der Rat der Mutter vermochte sie nicht zu beruhigen. Sollte sie in die nächste Stadt gehen, dort war in den vergangenen Monaten eine kleine Klinik aufgebaut worden, um dort bei den studierten Medizinmännern um Rat zu fragen? Oder sollte sie eine der vielen Heilerinnen um Hilfe bitten? Oder vielleicht an der neuen Quelle am Fuße des Gedba-Berges heiliges Wasser holen, von dem sich viele Heilung versprechen? Würde Priester Sisay es dann auch trinken? Ratlos, was das Beste sei, entschied sie sich, vorerst Priester Kesis aufzusuchen. Dieser kannte Sisays Inneres. Der wusste bestimmt Rat, was zu tun sein. Erleichtert und mit einem neuen Schimmer Hoffnung machte sie sich am andern Morgen früh auf zur Messe in der Bergkirche, um nachher mit Priester Kesis die ganze Angelegenheit um ihren Mann zu besprechen. Priester Kesis' ruhiges, durch viel Lebenserfahrung gereiftes Antlitz trübte sich zunehmend, als hätte er erkannt, dass es sich hier nicht um ein vorübergehendes gesundheitliches Problem, sondern um eine Lebenskrise der besonderen Art handelt. Er versprach ihr, in den nächsten Tagen vorbeizukommen und mit Priester Sisay zu reden. „Ich werde gegen Abend kommen, wenn er zurückkehrt, und dann lasst ihr mich mit ihm allein reden. Dann können wir immer noch entscheiden, ob er irdische Hilfe benötigt." Bevor er Alem verabschiedete, setze er sich mit ihr unter den Olivenbaum und las ihr aus der Schrift vor: „Die Wege des Herrn sind unergründlich, doch sie führen zu Gott", und dann segnete er sie.

Als Priester Kesis am kommenden Nachmittag kam, war Priester Sisay bereits zurück und saß auf einem Baumstrunk an der Kralwand, den Kopf in seine Hände gelegt, still. Nach kurzer Begrüßung von Alem und den anwesenden Kindern ging er zu Priester Sisay, bot ihm sein Kreuz zum Kusse an, doch dieser wandte sich ab. Priester Kesis erschrak! Noch nie hatte ihm jemand den Kuss des Kreuzes verwehrt, im Gegenteil, sei es aus

Tradition, aus Gewohnheit oder aus innerem Bedürfnis: Jedermann küsste sein Kreuz und ließ sich segnen. Warum nicht Priester Sisay? Alem, die mit den Kindern alles Vieh, außer den Hühnern, aus dem Kral getrieben hatte, ging zu den Weideplätzen, nahm Wasserkanister mit und kehrte erst zurück, als es schon dunkel war. „Alem", kam Priester Kesis auf sie zu, „auch ich konnte nicht erfahren, was in deinen Mann gefahren ist, es muss aber etwas sehr Ernstes sein. Der Weg zu seinem Herzen ist durch einen riesigen Stein blockiert, das Einzige, was ich von ihm hörte, war, dass er unwürdig sei, weiter Priester zu sein. Das kann ich nicht verstehen. Denn er weiß aus der Schrift, dass Gott allein weiß, wer würdig und wer unwürdig ist. Warum er aber solches sagt, hat er mir nicht begründet. Kein Wort." „Dieser gute Mann, dieser gute Mensch, dieser so hilfreiche und segensreich wirkende Priester soll unwürdig sein!?", schrie Alem auf. Was um Gottes willen ist passiert?

Die Regenzeit setzte ein und brachte reichlich Niederschläge. Schon begannen die Samen auf den Feldern zu sprießen und gegen Ende der Regenzeit entfaltete die Vielfalt der Bäume ihre Blüten. Auch die Akazie in Priester Sisays Kral entfaltete eine neue Blütenpracht. Doch dieses Jahr mochte sich niemand so richtig dran freuen, geschweige denn schöne lange Abende in familiärer Eintracht darunter verbringen, sich austauschen, spielen, Pläne schmieden und – Alem und Sisay – Liebesnächte darunter verbringen.

# Krankheit und Tod

Was bei Priester Sisay in den vergangenen Wochen als Krankheit der Seele erkannt wurde, erweiterte sich nun auch um körperliche Krankheitssymptome. Durchfälle, Fieberschübe und Gewichtsverlust schwächten Priester Sisay zunehmend. Jedes noch so gut gemeinte Mittel nützte wenig oder nichts, der Verlauf der Krankheit ließ sich nicht aufhalten. Weil sich Priester Sisay noch immer weigerte, im Haus auf seiner Schlafstätte zu liegen und sich pflegen zu lassen, zimmerte Solomon an der Hauswand einen gedeckten Unterstand mit einer Liege, welche mit Ziegenfell und Baumwolltüchern weich gepolstert wurde und durch ein Dach aus Elefantengras gegen die Sonneneinstrahlung geschützt war. Es war eine Bleibe auf Zeit.

Für Alem – und sie sagte dies nach und nach auch den Kindern – war klar, ihr Mann war todkrank und es müsste schon ein Wunder geschehen, wenn er diese schwere Krankheit überleben sollte. Sie war zu gläubig, um die Hoffnung zu verlieren, aber auch zu realistisch, um nicht auch das Unvorstellbare anzunehmen. Am meisten bedrückte sie, dass sich Priester Sisay noch immer nicht äußerte. Nur eben, dass er an jenem Gewitterabend im blauen Haus einen schwierigen Disput mit der Frau hatte. Einzig hie und da stammelte er zwischen dem Röcheln das Wort unwürdig. „Wenn du etwas Böses getan oder gar Sünde auf dich geladen hast, so erzähl es mir. Wir haben einen Gott der Vergebung! Und auch ich vergebe dir! Bitte, bitte, Priester Sisay, ich will dir ja nur helfen!“, flehte sie ihn immer wieder an, vergebens.

Kraft schöpfte sie aus ihren Kindern, die sich ihr noch liebevoller als zuvor zuwendeten, ihr jede mögliche Arbeit abnahmen, sie auch immer wieder zu trösten, ja sie oftmals mit etwas

Lustigem aufzuheitern versuchten. Schwer fiel es ihr, die nötigen Vorkehrungen für den Fall des Ablebens vorzubereiten. Wenn es so weit sein würde, müssten sie und die Kinder für ein Jahr schwarze Kleider tragen, solche hatten sie nicht. Sie musste sich erkundigen, wo sie die Totenzelte leihen konnte für die einwöchige Totenwache, ja auch für Essen musste sie vorsorgen. Zum Glück durfte sie bei all dem auf ihre Mutter Tigist zählen, die als Erstes beim Schneider die Kleider nähen ließ, denn diese schwarzen Kleider würden ja – so, wie es mit Priester Sisay weitergehen würde – ohnehin bald gebraucht, denn auch ihr eigener Mann Gebre war inzwischen alt und sehr gebrechlich.

Alem saß auf einem Hocker neben Priester Sisays Liege, als in den frühen Morgenstunden das Sterben einsetzte. Immer wieder wischte sie ihm Schaum vom Mund, trocknete seine Lippen mit einem feuchten Lappen und hielt seinen Kopf in ihren Händen. Danebst war sie in lange, tiefe Gebete versunken. Sie betete für sein Seelenheil, sie betete für ihre Kinder, für ihr Vieh, ihre Felder und bat Gott immer wieder um Beistand und Segen. Als sich Priester Sisays Körper entspannte, sein Atem sich verflachte und zum Stillstand kam, wusste Alem: Jetzt ist er hinüber gegangen, in die Welt des Göttlichen. In verkrampfter Umarmung beugte sie sich über ihn und drückte ihn ganz fest an ihren Körper. Nicht der Worte und Gebete erinnerte sie sich, welche sie sich für diesen Moment vorgenommen hatte zu sprechen, nein, ihre Gedanken wirbelten wirr umher. Im Vordergrund war die Frage nach dem WARUM? „Warum, guter Gott, hast du meine Gebete nicht gehört? Was habe ich falsch gemacht in meinem Leben, dass du mir das Liebste nimmst? Warum nur konnte dieser gute Mann sein Segenswerk nicht fortsetzen und noch viele Jahre Hunderten von Menschen helfen? Wie sollen unsere Kinder diesen Schreck ertragen, und ohne Vater weiterleben?" Ja, im Vordergrund stand das Hadern mit dem Schicksal, ehe sie sich der Worte Priester Kesis' erinnerte, wonach Gott in seiner Güte und Weisheit den Lauf jeden Lebens zu dessen Wohle bestimme. Was hatte sie doch nicht schon alles aus der Heiligen Schrift gehört, in Gottesdiensten, an Beerdigungen, bei Priestergebeten? Aber was stimmte eigentlich? Was sollte sie jetzt glauben? Als sich der erste Schock und Krampf gelöst hatte, brach Alem in inneres Weinen aus, ehe sie dem Schmerz mit lautem Schreien und Wehklagen Luft machen musste. Dies weckte erste Kinder und bald war die ganze Schar zusammen. Laut weinend, schreiend, an Haaren und Kleider zupfend die Mädchen, etwas leiser weinend und schluchzend die Knaben. Eine nun vaterlose Familie, welche ihren Gefühlen freien Lauf ließ. Als die ersten zaghaften goldenen Sonnenstrahlen durch das Geäst der Akazie fluteten, fasste sich Alem, bat Makeda um Wasser und begann den Leichnam zu waschen und anschließend Kopf und Brust mit Leinöl einzureiben. Dann wickelte sie ihn in ein weißes Leinentuch, so wie er später beerdigt werden sollte. Solomon bat sie, einige Zweige eines Olivenbaums im Baumgarten zu holen, diese legte sie über das Leichenpaket. Sie selbst knickte vom Akazienbaum einige Blütenzweige ab, die legte sie ihm unter den Kopf und murmelte weinend: „Die gebe ich dir mit, dass du mich auch siehst, wenn ich künftig allein durch die Blüten des Akazienbaumes zu dir in den Himmel schaue!"

Zögernd wuschen sich die Kinder den Kopf und wollten sich an die Arbeit mit den Tieren machen, als Alem sie aufforderte, jedes möge seinen Kopf mit seinem Baumwolltuch bedecken und sich nur noch so draußen bewegen. Dann gab sie zuerst Solomon den Auftrag, schnellstmöglich zu Priester Kesis zu gehen und zu fragen, ob Priester Sisay heute Nachmittag bei der Bergkirche beerdigt werden könne. Makeda musste die Nachricht ihren Großeltern Gebre und Tigist überbringen und Yared fragte sie, ob er den Weg allein zu den Großeltern Gebrewehid und Lete finde oder ob er Berihu mitnehmen wolle. „Ja, ich weiß den Weg schon, aber es wäre mir schon lieber, Berihu käme mit, dann wäre ich nicht so allein." Flugs zogen die Kinder ihre Plastiksandalen an und machten sich auf den Weg. „Allen, die ihr unterwegs begegnet, sagt ihr, dass heute Nacht euer Vater zum Allmächtigen gegangen ist und dass heute Nachmittag die Beerdigung stattfinden soll", rief ihnen Alem nach und wandte sich den angenommenen drei Kindern zu, sie möchten doch so gut es ging für die Tiere sorgen. „Weil heute Nachmittag die Tiere lange alleine im Kral sein müssen, sollt ihr etwas länger nach Futter und Wasser suchen, erst zurückkommen, wenn sie genug getrunken und gefressen haben. Also, aber kommt spätestens, wenn die Sonne ganz gerade oben am Himmel steht."

Allein mit dem Leichnam ihres Mannes, mit dem sie vor rund 12 Jahren hier ein neues Leben begann, überkam Alem eine tiefe Traurigkeit und Schwäche. Niedergeschmettert ging sie zur Liege, kniete sich beugend über ihren toten Mann und versuchte, im Gebet ihren Gefühlen Lauf zu geben. „Liebster Sisay, du warst mein Ein und Alles, du warst mein Leben! Warum nur hat dich Gott so früh zu dir gerufen? Gewiss wollte er deinem unsäglichen Leiden ein Ende bereiten! In seinen Händen liegt es jetzt, dir einen schönen Platz im Himmel zu sichern, einen Platz, wo du immer auf uns niedersehen und uns begleiten kannst. So soll es in der Heiligen Schrift stehen. So wie wir für dich beten, bitte ich dich, bete du auch für uns. Und dann, liebster Sisay, eines Tages werden wir uns wiedersehen. Ich bin sicher, du wirst mir einen schönen Platz neben dir bereit halten. Dann haben wir uns wieder viel zu erzählen." Als ob diese Wiedervereinigung schon stattgefunden hätte, vermochten diese Gebete Alem etwas zu trösten. Sie gaben ihr die Kraft, die nun anstehenden Pflichten in Angriff zu nehmen.

Kaum hatte Alem die Trauerkleider übergezogen, den in den vergangenen Jahren nach und nach gekauften oder geschenkt erhaltenen Schmuck an Ohren und um den Hals gehängt und sich oberflächlich gekämmt, hörte sie draußen leises Gemurmel. Es waren die ersten Nachbarn, welche, durch die Kinder benachrichtigt, zur Kondolenz erschienen. Die Frauen, von Stirn bis Knöchel in weiße Tücher verhüllt, brachen in lautes Wehklagen aus, als Alem aus der Tür kam und ihrerseits in ebensolches ausbrach. Hintenan die Männer, die Köpfe tief zu

Boden geneigt, mit tiefen Stimmen Choralsprüche oder Gebete munkelnd näherten sich Alem, um sie zu umarmen. Alem setzte sich auf ihren Hocker beim Verstorbenen, die Frauen scharten sich kauernd um sie, auch die Männer in etwas Distanz. Immer mehr Verwandte, Nachbarn und Bekannte trafen ein und es bildete sich über den Kral hinaus eine große Menschenmenge, die mit ihrer Anwesenheit der Trauer Ausdruck verlieh. Auch Priester Kesis traf ein, segnete und tröstete Alem und ihre Familie sowie die Trauergemeinde und forderte auf, nun zum Begräbnis aufzubrechen. Es kam Bewegung in die Männergruppe, denn viele stellten sich bereit für den Totentransport, für den Gebrewahid, der Vater von Priester Sisay, bereits eine Bahre mitgebracht hatte. Sorgsam wurde der Leichnam auf das Kuhfell, das an zwei Stangen befestigt war, gehoben, vier junge Männer schulterten die Bahre und machten sich auf den Weg zur Bergkirche. Zuvorderst Alem, umringt von Frauen, hintennach die Kinder und dann die Männer. Klagelieder singend, weinend, Lobpreisungen zum Himmel rufend, Sprechgesänge mit gemurmelten Gebeten klangen durch die Stille des Tales, während der Trauerzug tänzelnd der Kirche zuging.

*Auf dem Weg zum Grab*

Das Grab war bereits ausgehoben, es lag am oberen Ende des Friedhofes. Inzwischen hatten sich weitere Wanderpriester und Diakone eingefunden, die mit ihren goldbrokatenen Sonnenschirmen der Zeremonie eine besonders farbliche Note und Würde verliehen. Sie begrüßten die Gruppe mit Singsprüchen und Gebeten und segneten die Grablegung des Verstorbenen. Priester Kesis sprach die Begräbnisgebete und nach dem obligaten „Erde zu Erde – Staub zu Staub“ betonte er, als ahne er einen besonderen Anlass, in aller Deutlichkeit: „Deine Sünden seien dir vergeben – Gott sei mit dir!“ Unter lautem Wehklagen der Frauen wurde das Grab zugeschaufelt, mit einigen Steinen bedeckt und dann entfernte sich die Trauergemeinde langsam von der Grabstätte.

Auch Alems Familie beeilte sich auf dem Nachhauseweg, um noch vor Sonnenuntergang das obligate Totenzelt aufstellen zu können. In diesem sollten aus der Ferne herkommende Verwandte und Bekannte während der nächsten sieben Tage ein Obdach haben, um hier zu trauern, zu essen und zu schlafen. Auch Alem verbrachte die kommenden Tage viel Zeit mit ihren Gästen im Zelt, was ihr zwar viel Trost bot, aber auch große Anstrengung war.

Erschöpft von der einwöchigen Trauerzeremonie und je länger, umso tiefer um ihren verstorbenen Gatten trauernd kehrte langsam Alltag ein. Alem wusste, dass es nun an ihr lag, für die Kinder zu sorgen. Sie wollte alles tun, um ihnen eine Schulbildung zu ermöglichen und ihnen dadurch bessere Voraussetzungen für ihr künftiges Leben mit auf den Weg zu geben. Sie wusste aber auch oder zweifelte beim einen oder andern, dass nicht alle der Kinder intelligent genug waren, um die Anforderungen der Schule zu bestehen. Diese Kinder bereiteten ihre besondere Sorge, eine Sorge, die sie nur Gott anvertrauen konnte.

*Das Grab*

Dass sie es schaffen würde, zusammen mit den Kindern den kleinen Bauernbetrieb gut zu führen, bezweifelte sie nicht. Sie wusste, dass sie das konnte, schließlich war sie schon während Priester Sisays Lebzeiten die Hauptverantwortliche dafür gewesen.

# Allein

Zum Glück waren noch vor der Regenzeit und dem Tod von Priester Sisay alle Felder bestellt worden und die verschiedenen kleinen Weiher, die vor allem Solomon beim Gemüsefeld und den Fruchtbäumen ausgehoben hatte, nachgegraben und so gut als möglich befestigt worden, so dass sich diese während der Regenzeit mit Wasser auffüllen konnten. Besonders freute Alem sich, dass auch die Saaten bei den Landparzellen oben am Berg kräftig wuchsen und nicht weggeschwemmt wurden. Stolz war sie, dass sie damals Mr. Fekadu überzeugen konnte, dort Akazien zu pflanzen, welche sich bereits zu einem schönen Jungwald entwickelten.

Mit Beginn der Regenzeit setzte auch wieder die Schulzeit ein. Yared, drittältestes Kind, besuchte bereits die 10. Klasse. Mit Freude und Begeisterung ging er zur Schule und war bestrebt, bei der jährlichen Notengebung immer in den vordersten Rängen platziert zu werden. Auch Berihu, dem jüngsten der eigenen Kinder, machte die Schule und das immer neue Hinzulernen Freude und wenn die Familie abends nach getaner Arbeit unter der Akazie saß, meist etwas Brot oder Bohnen knabbernd, erzählte er gerne, was er gelernt und erfahren hatte und hatte immer aufmerksame Zuhörer.

Nur Makeda, das älteste und einzige Mädchen, hatte Mühe mit der Schule. Alem hatte schon mit dem Schuldirektor gesprochen und der ihr bei einer Begegnung auf dem Markt das Befürchtete bestätigt: „Alem, wir können Makeda nicht mehr weiter in der Schule behalten. Es hätte auch keinen Wert. Es gelingt ihr nicht, den Stoff zu verstehen und mitzukommen. Ich habe mit viel Geduld und gutem Willen versucht sie zu fördern, doch jetzt muss ich einen Schlussstrich ziehen.“ Dieser Tatsache ins

Auge zu sehen, schmerzte Alem, wusste sie doch, wie wichtig die Schuldbildung für die Zukunft wäre, eben gerade auch für Mädchen, nicht nur für Knaben, wie dies bei vielen die Meinung war. „Woran liegt es dann?“, versuchte Alem dem Lehrer eine Lösung zu entlocken. „Sie ist nicht dumm oder einfältig, gar nicht, sie kann einigermaßen rechnen und schreiben, aber eben nur beschränkt. Ehrlich, ich weiß auch nicht, was es ist. Fast scheint es mir, als ob sie in Gedanken die ganze Zeit abwesend sei. Statt sich mit dem Schulstoff zu befassen, grübelt sie über irgendetwas nach, worüber, das sagt sie nicht, aber ich merke es deutlich, dass sie nicht bei der Sache ist. Sie ist verschlossen und stets gedanklich in sich selbst gekehrt. Leider, wirklich leider, kann ich dir keine Hilfe anbieten. Das Beste, was du tun kannst, ist, aus ihr eine gute Hausfrau zu machen. Als gottesfürchtige, schöne junge Frau wird sie dereinst gewiss einen guten Mann finden und dann kann sie als tüchtige Hausfrau ihren Weg machen. Da solltest du dir keine allzu großen Sorgen machen.“ Obwohl Alem geahnt hatte, dass Makeda die Schulzeit nicht ganz beenden würde, wurde mit diesem Entscheid des Lehrers ein Lebenswunsch nicht voll erfüllt. Dass Makeda eine tüchtige Frau werden würde, daran zweifelte Alem keinen Moment, denn in Haus, Hof und Feld war sie schon jetzt ein überaus tüchtiges, jeder Aufgabe gewachsenes Mädchen.

Für die drei angenommenen Kinder zeigte sich schon nach den ersten Schultagen, dass eine schulische Ausbildung nicht möglich war. Alem wusste nicht, ob sie bereits schwachsinnig geboren wurden, oder ob sie durch die erlittenen körperlichen Entbehrungen während der Vernachlässigung infolge der Krankheit ihrer Mutter auch geistig geschädigt wurden. Sie vermutete Letzteres, denn im Umgang waren sie ganz normale, etwas gehemmte, aber liebenswerte Kinder, die mit Freude bei der Arbeit dabei waren und ihren Pflichten nachkamen.

Anders als sie es wollte, hatte Alem durch diese Schulsituation mit ihren Kindern wertvolle Hilfe im Haus, mit den Tieren und auf den Feldern.

# Die Modell-Bäuerin

Dass Alem nicht mehr in der Baumschule arbeiten konnte, war klar, denn sie hatte nun genügend Aufgaben mit ihrem eigenen Betrieb. Dank der Ernteerträge auf den Feldern, den Früchten aus dem Obstgarten, dem Gemüse und dem Honig war sie Selbstversorgerin und nicht mehr auf Hungerhilfe angewiesen. Auch gelang es ihr, etwas der Überschüsse auf dem Markt zu verkaufen und so etwas Einkommen zu erzielen. Geld brauchte sie vor allem, weil Yared inzwischen die Schule abgeschlossen und das Studium am College in der etwa 70 Kilometer entfernten Stadt aufgenommen hatte. Dort wohnte er in einem Internat, kam jedoch übers Wochenende nach Hause. Diese Zeit dauerte drei Jahre, während derer sich Alem, mit Unterstützung der Kinder, zu einer überaus tüchtigen, erfolgreichen Bäuerin entwickelte. Bald wurde das Landwirtschaftsbüro, das sich zur Erfassung der Nothilfen über die Ernteergebnisse jedes Bauern informierte, auf Alem aufmerksam und verfolgte mit Wohlwollen die Entwicklung ihres kleinen, effizienten Betriebes.

Eines Tages kam der Chef des Landwirtschaftsbüros selbst bei Alem vorbei, er traf sie im Kral. „Alem“, wandte er sich zu ihr, nachdem er die üblichen Begrüßungsworte und Erkundigungen beendet hatte, „jährlich findet ein sogenanntes Farmer-Festival statt, bei dem die besten Bauern aus der Region ausgezeichnet und gewürdigt werden. Aufgrund deiner Erfolge haben wir dich als Kandidatin angemeldet und warten nun gespannt, was die Regionalverantwortlichen dazu sagen.“ Für Alem war dies neu. Sie hatte zwar in der Baumschule schon von diesem Festival gehört, aber war der Meinung, nur ganz „reiche“ Bauern mit viel Land und viel Vieh würden dort geehrt. „Ist das dein Ernst?“, fragte Alem etwas unsicher zurück. „Wie soll ich dies nur verdient haben? Ich tue ja nur meine Pflicht und strebe danach, meine Familie ohne fremde Hilfe durchzubringen." „Ja, das ist es eben", erläuterte der Chef des Landwirtschaftsbüros. „Du bist eben genau ein Vorbild, an dem sich viele andere orientieren und sich ein Beispiel nehmen sollten. Nur so kommen wir, kommen unsere Region und unser Land vorwärts: Wenn wir Bäuerinnen und Bauern haben, die sich nicht auf den Anbau von Teff beschränken und mit wenigen Tieren zufrieden sind. Nein, genau was du mit deinem Getreide-, Gemüse- und Früchteanbau machst, sollten eben viele andere Bauern auch machen. Ebenso mit der Bienenhaltung mit wertvollem Honig als Ernte. Und wenn du geehrt wirst, wird das bei andern Bauern bekannt, sie kommen dich besuchen, werden dich fragen, wie du dies und jenes machst und dann sollst du denen erklären, was dein Erfolgsrezept ist." „Aber", entgegnete Alem, „ich bin doch nur eine einfache Bäuerin, keine Trainerin, wie ihr sie beim Landwirtschaftsbüro habt. Und Zeit habe ich auch keine." „Du musst halt einen Pflanzer oder Erntehelfer für die arbeitsintensive Zeit des Anbaus und der Ernte beiziehen, dann hast du Zeit, dein Wissen und deine Erfahrung andern Bauern weiterzugeben. Und nochmals: Das ist ganz wichtig, damit wir Fortschritte in der Landwirtschaft machen."

Alem ließ es auf sich zukommen, doch es dauerte nicht lange, als sich bestätigte, dass sie in einer abgelegenen Stadt der Region anlässlich des Farmer-Festivals geehrt werden sollte. Inzwischen hatte sie sich alles überlegt und war der Idee, als Modell-Bäuerin andern Bauern beizustehen, nicht mehr abgeneigt. „Wenn ich einen kleinen Beitrag leisten kann, damit unsere Nachbarn und viele weitere Bauern auch mehr Erfolg mit ihren Ernten haben und zu Selbstversorgern werden können, dann will ich dies tun", erläuterte sie eines Abends beim Familiengespräch unter der Akazie ihren Kindern. „Und ihr wachst ja heran, schon bald seid ihr erwachsen und so könnt ihr auch mehr Arbeiten verrichten!" Das war keine Frage, sondern eine Feststellung und Information an die Kinder, die nun wussten, dass sie auch ihren Anteil leisten mussten. „Mama", sagte Makeda, „mach dir keine Sorgen, wir werden schon nach dem Rechten schauen, wenn du mal wegmusst. Du musst uns einfach versprechen, dass du dann nicht wie unser Vater so viel weg bist und das Ganze noch ein schlimmes Ende nimmt."

Am Tage des Farmer-Festivals wurde Alem früh abgeholt und fuhr in einem Bus, zusammen mit vielen andern Männern und Frauen vom Landwirtschaftsbüro und Bauern, die sie nicht kannte, in jene Stadt, in der die Zeremonie stattfinden sollte. Nach zweistündiger Fahrt kamen sie ans Ziel. Festlich waren die Straßen geschmückt, überall tanzende und singende Gruppen von Menschen, Polizei und Militär, welche die Fahrzeuge einlenkten und immer wieder strikt das Respektieren von Abschrankungen forderten, Vertreter der Geistlichkeit in ihren schönen Gewändern und mit ihren brokatglänzenden Schirmen, in Anzüge gekleidete Vertreter der Regierung und riesige Menschenmassen strömten auf das Gelände des Landwirtschaftlichen Technikums. Dort war eine Bühne errichtet worden und für die speziellen Gäste einige Reihen Stühle und Bänke bereitgestellt. Über einen Lautsprecher gab es Anweisungen, wer sich wohin zu begeben habe, wen man suche und immer wieder wurde das Programm bekanntgegeben. Alem wurde inmitten von Bauern platziert, die sich für diesen Tag besonders schön gekleidet hatten. Ein jeder trug die tygrinnische Bauerntracht, ganz in Weiß, manche hatten sich im Krieg gegen Eritrea verdiente Medaillen angehängt. Nach vielen Ansprachen von Offiziellen begann die Würdigung der zu Modell-Bauern Nominierten. Der Zeremonienmeister verlas die Liste mit den Namen und der Reihe nach begaben sich die Geehrten auf die Bühne, um dort aus der Hand des Regional-Präsidenten eine Urkunde entgegenzunehmen. Mit einem kräftigen Händedruck beglückwünschte dieser die Bauern und dann auch Alem. Sie wurde speziell erwähnt, weil sie in diesem Jahr die einzige Frau war, die für diese Ehrung nominiert war. Gesenkten Hauptes nahm Alem die Würdigung entgegen, sagte ein vielfaches Yetyennelle (Danke schön), um sich dann, aus einer Mischung aus Scham und Stolz, wieder an ihren Platz zu begegnen. In ihrem Herzen wogten die Gefühle. Stolz auf das

Erreichte vermischte sich mit dem Bedauern, dass ihr verstorbener Mann, der doch auch so viel Gutes geleistet hatte, diesen schönen Anlass nicht miterleben durfte. Nach Beendigung des offiziellen Anlasses gab es draußen auf dem Vorplatz des Landwirtschaftlichen Technikums ein großes Buffet mit vielerlei Speisen und Getränken. Tanzvorführungen, laute Musik und ein wildes Durcheinander von Gesprächen ließen die Zeit im Flug vergehen und es wurde Zeit, wieder mit dem Bus zurückzufahren. Erst nach einem langen Fußmarsch und schon in der Dunkelheit erreichte Alem ihr Zuhause. Erschöpft und glücklich erzählte sie den Kindern das Erlebte und dankte Gott, dass ihre Arbeit und Anstrengung der vergangenen Jahre auf so schöne Art belohnt wurden. Ja, sie war zufrieden und glücklich.

*Ehrung der Ausgezeichneten*

# Der Erntehelfer

Auf den kleinen Feldern reifte das Korn – Teff, das geschnitten und dann gedroschen werden sollte. Wie jedes Jahr um diese Zeit streiften Einzelne oder Gruppen von Erntehelfern durch die Lande und boten gegen einen Taglohn ihre Dienste an. Auch bei Alem meldeten sich verschiedene Männer, die sie jeweils zuerst musterte. „Nein, für euch habe ich keine Arbeit", konnte sie forsch entgegnen, wenn sie den Eindruck hatte, diese Männer seien zu geschwätzig oder zu alt, um eine besonders gute Leistung zu erbringen. Sie war wählerisch und wusste, was sie wollte. Nach einigen Absagen entschied sie sich für ein Brüderpaar, zwei landlose Jungbauern, die auf Anhieb einen guten Eindruck machten. „Ihr müsst allein schneiden", eröffnete sie ihnen, „und in zwei Wochen sollt ihr fertig sein!", war ihr Tarif. „Schlafen könnt ihr hier im Kral im Nebenanbau, ich werde euch am Abend zu essen geben und am Morgen gebe ich euch das Mittagessen mit auf den Weg." Die Erntehelfer waren damit einverstanden und gingen auch gleich ans Werk. Es zeigte sich bald, dass Alem eine gute Wahl getroffen hatte, denn beide waren überaus tüchtig und kamen gut voran. Als alles Getreide geschnitten und auf den Feldern aufgestockt war, bezahlte Alem die beiden, bedankte sich und machte sich an, ihnen ausreichend Proviant für zwei Tage mit auf den Weg zu geben. „Frau, du bist allein und jetzt sollte das Getreide gedroschen werden", anerbot sich der Ältere der Brüder. „Wir wollen für den gleichen Tagelohn gerne noch weiter für dich arbeiten, bis alles Getreide gedroschen und das Stroh auf Bäumen gelagert ist." Alem überlegte. Sie selbst kam nicht dazu, selbst zu dreschen, doch zwei Männer waren nicht genügend ausgelastet, es würde genügen, wenn einer bliebe. „Nein, zwei von euch kann ich nicht bezahlen, aber wenn einer bleiben will, dann bin ich einverstanden. Überlegt euch das und wenn es euch so nicht recht ist, finde ich schon jemand anders, um zu dreschen."

*Erntehelfer*

Etwas mürrisch entfernten sich die beiden, besprachen sich und einigten sich, dass es jetzt – da die Erntezeit vorbei war – besser war, wenn wenigstens einer eine Arbeit habe. „Ja, wir sind einverstanden, ich werde bleiben und mein Bruder wird weitergehen." Hailemariam war der Name des Älteren, der sich freute, weiter für diese Frau zu arbeiten. Er hatte sie in der kurzen Erntezeit als überaus tüchtige Frau eingeschätzt und bewunderte verhohlen ihre Art des Arbeitens, des Umgangs mit ihren Kindern und auch wie sie Fremden gegenüber offen war. Er bot sich auch an, bei Nachbarn selbst um zusätzliche Ochsen zu bitten, welche für die Drescharbeit benötigt wurden. Alem war froh darüber, sie hatte Vertrauen in ihn, dass er sie nicht ausnützen werde, und überließ ihm während vieler Tage die Drescharbeit auf dem Felde. Abends jeweils belohnte sie ihn mit einem guten Nachtessen. Immer fand sie nebst dem Fladenbrot noch einen Gemüsebrei, ein Ei oder an gewissen Tagen sogar etwas Fleisch. So gut war Hailemariam noch selten behandelt worden und er belohnte dies mit tüchtiger Arbeit.

Doch bei Hailemariam machten sich zunehmend auch Gefühle bemerkbar, die er bisher nicht kannte. Es war nicht nur die Tüchtigkeit dieser Frau, sondern wohl auch ihre Güte, welche sein Herz erwärmte. Ja, mehr! Je länger er für Alem arbeitete, umso mehr steigerte sich sein Begehren nach ihr. Er könnte ihr doch ein guter Gatte sein, dachte er und nach einigen Wochen fasst er bei einer Gelegenheit den Mut, mit ihr über seine Gedanken, Gefühle und Absichten zu reden. Nachdem die Kinder sich schlafen gelegt hatten, saß er mit Alem noch allein unter der „Familien-Akazie". Sie unterhielten sich entspannt über das Geleistete des Tages und die Pläne für den morgigen Tag. Nach verlegenem Räuspern zwang sich Hailemariam zu den Worten: „Alem, du weißt, wie sehr ich dich bewundere und dich schätze. Und als gläubige Christin kennst du die Worte der Heiligen Schrift, wonach das Alleinsein nicht gut ist für den Menschen." Mit gestiegener Aufmerksamkeit und einer Vorahnung, was jetzt kommen würde, hörte Alem zu, wobei sich ihr Herz zunehmend zu verkrampfen begann. Natürlich war es ihr nicht entgangen, welche Wirkung sie auf Hailemariam hatte, doch alle weiteren Gedanken darüber hat sie stets unterdrückt. „Wir könnten doch", fuhr Hailemariam weiter fort, „hier nicht nur gemeinsam arbeiten, wir könnten doch auch heiraten, dann hätten die Kinder auch einen Vater." Jetzt war es ausgesprochen! „Ich bin ganz sicher, wir würden gut zusammenpassen und ich könnte dich sehr glücklich machen." Alem erhob sich, stellte sich vor Hailemariam und erklärte ihm mit fester, etwas rauer Stimme: „Warum redest du so mit mir? Du weißt genau, dass ich eine Priesterwitwe bin und dass es unser Glaube nicht zulässt, dass ich mich je wieder mit einem Mann vereine. Also vergiss bitte endgültig das Gesagte und es ist wohl besser, wenn du morgen weiterziehst. Du wirst irgendwo dein Glück finden, ich werde meinen Weg allein gehen, so wie es geschrieben steht." Natürlich wusste Hailemariam, dass verwitwete Priesterfrauen nicht wieder heiraten sollten, doch er fühlte sich dieser Frau so zugetan, dass er versuchte, über diese Konvention hinwegzugehen. Denn schließlich stand dies nirgends in der Bibel, diese Regelung war nicht von Gott, sondern von Menschen gemacht. Dass seine Hoffnung eine so herbe Abweisung erfuhr, machte ihn sehr traurig. Er war nicht imstande zu reden, er dachte über sich und das soeben Geschehene nach und machte sich sogar noch Vorwürfe, diese Frau in eine solche Lage versetzt zu haben. „Gute Nacht, Hailemariam, schlaf gut, und morgen werde ich dir noch etwas Proviant mit auf den Weg geben.“ Mit diesen Worten verabschiedete sich Alem, Hailemariam blieb noch lange sitzen, haderte innerlich mit seinem Schicksal und legte sich erst sehr spät hin. Es war seine letzte Nacht hier, am andern Morgen zog er ganz früh im Morgengrauen los, ohne sich zu verabschieden.

Alem war traurig und stolz zugleich. Traurig, einem guten Menschen eine solche Enttäuschung verursacht zu haben, stolz, keiner Verführung erlegen zu sein und den Geboten der Kirche Treue gehalten zu haben. Das war ihr wichtig und gab ihr Kraft, den Weg auch ohne den Erntehelfer weiterzugehen.

# Semesterferien

Es nahte die nächste Regenzeit und mir ihr auch die Urlaubszeit an den Universitäten. So fieberte Alem schon seit Wochen darauf hin, ihren geliebten Sohn Yared, der so jung allein auf sich gestellt in der Hauptstadt studierte, wieder zu sehen. Seit drei Jahren schon studierte er dort und es war stets eine freudige, zu Herzen gehende Zeit, wenn er nach Hause kam. Es konnte nicht mehr lange dauern, da er glücklich nach Hause kam. Doch in diesem Jahr kam Yared nicht zu Beginn der Schulferien zurück, er verbrachte die Zeit in der Hauptstadt. „Warum wohl", rätselte Alem und hoffte weiter.

Yared fand während seines Studiums Unterkunft im Dormitorium der Universität, wo er mit seinen Kolleginnen und Kollegen studierte und auch das Zusammensein unter Gleichaltrigen und Gleichgesinnten genoss. Wie viele seiner Kommilitonen bemühte er sich nebst dem Studium, etwas Geld zu verdienen und blieb nicht untätig, bis er in einem Café eine Aushilfsstelle fand, wo er stundenweise arbeiten konnte. Nicht im Service, da waren Studentinnen bevorzugt, seine Aufgabe war die Arbeit im Hintergrund. Im kleinen Schuppen neben dem Café half er beim Beladen und Abladen von Getränken, reparierte Stühle und Tische und machte allerlei Besorgungen. Anständig und tüchtig, wie er war, beauftragte ihn seine Chefin und Inhaberin des Cafés, die korpulente, gestandene Frau Mesb, mit immer mehr Aufgaben auch im Schriftlichen bis hin zu Persönlichem in ihrem Privatraum. Nebst dem kleinen Caféraum, den Außensitzplätzen, einem Lager, einem kleinen Plumpsklo, gab es nur noch einen Raum, eben den Privatraum, in welchem Frau Mesb lebte. Zu seinen Arbeiten gehörten Abrechnungen mit den Behörden, regelmäßige Reparaturen der elektrischen Leitungen, Einkauf von Snacks bis hin zur Reinigung des Cafés nach Schluss am Abend. Mit dieser Arbeit konnte Yared etwas Geld verdienen. Lange Zeit bemerkte er nicht, dass seine Chefin ein Auge auf ihn geworfen hatte, ihn immer mehr ins Vertrauen zog und ihn mit allerlei Persönlichem konfrontierte. Für den korrekt Erzogenen, mit ländlicher Naivität dem Stadtleben ausgesetzt, war all dies eine schöne Erfahrung und er genoss es, die Gunst seiner Chefin zunehmend zu spüren. Büroarbeiten mussten im Wohnraum von Frau Mesb erledigt werden, was bei den engen Platzverhältnissen unweigerlich zu gelegentlichen Berührungen führte. Manche davon waren absichtlich, Yared ließ es geschehen, ja er entschuldigte sich gelegentlich sogar, nicht ahnend, dass solche Annäherungen von Frau Mesb ihre Absicht waren. Es kam vor, dass Yared noch Tagesabrechnungen durchführte, die Stundenabrechnungen des Bedienungspersonals machte, Geld zählte und im dafür vorgesehenen Versteck verstaute, während Ms. Mesb sich für die Bettruhe vorbereitete. Dabei spielte sie bewusst und nicht immer diskret mit ihren weiblichen Reizen. Die gestiegene Vertrautheit und Intimität gipfelte in der Frage von Frau Mesb: „Warum gehst du jetzt so spät noch zurück zur Uni? Du kannst doch hier schlafen und am Morgen, wenn du ausgeschlafen und gekräftigt bist, zur Uni gehen.“ Bei Yared – der noch nie mit einer Frau zusammen war – löste diese Frage, ja dieses Angebot eine Flut von Gefühlen aus! Darf ich dies? Was würde Mutter sagen? Warum nicht, sie hat ja recht? Was sag ich meinen Kollegen im Zimmer im Dormitorium? Tausend Fragen, keine Antworten! Nebst dem breiten Bett von Frau Mesb war auch keine Pritsche oder andere Schlafstelle vorhanden, so dass Yared sich auch nicht vorstellen konnte, wo er schlafen sollte. Sinnierend starrte er auf den Arbeitstisch, an dem er saß, während Frau Mesb zur Tür ging, diese verschloss und sich dann ins Bett legte. „Also, was willst du? Schau, du hast doch Platz hier, mach kein Wesen und mach es dir gemütlich!“, sagte sie und brachte Yared noch mehr in Zweifel und Verlegenheit. Doch jedes Mal, wenn er den Blick ihr zuwendete, erkannte er in ihr das starke Weibliche und es rührten sich seine Gefühle und Sinne. Zum Glück herrschte keine Stille, es drang der Nachtlärm von der Straße durch die Wände und lenkte Yared ab. „Meinst du, das wäre richtig und gut, wenn ich hierbliebe, und was würden die Leute über mich und auch über dich denken?“, sagte er. Diese Frage beinhaltete schon den Gedanken, hier zu bleiben und so brauchte Frau Mesb nicht mehr allzu viele Worte, um ihn zu überzeugen, sich doch neben sie zu legen und die Nacht hier zu verbringen. Doch an Schlaf war nicht zu denken. Immer zärtlicher schmeichelte sich die Frau an Yared, der sich dies nicht ungern gefallen ließ. Und so sollte er die erste Liebesnacht erfahren und am Morgen halb beschämt, halb stolz, „es geschafft“ zu haben, wovon viele reden, zurück zur Uni zu gehen. Es ist selbstredend, dass Yared weiterhin im Café arbeitete und mit der um 20 Jahre älteren Frau über Monate ein Liebesverhältnis einging. Was er leider nicht wusste, beziehungsweise erst später auf dramatische Weise erfuhr, war, dass diese Frau HIV-infiziert war und diese furchtbare Krankheit auf ihn übertragen hatten.

Schon bald machte sich die Krankheit bei Yared bemerkbar. Sein Arzt am Uni-Spital eröffnete ihm unverhohlen seine AIDS-Krankheit, verschrieb ihm Medikamente, doch sein Zustand verschlechterte sich zunehmend. Er war nicht mehr in der Lage zu studieren, die Stelle bei Ms. Mesb musste er aufgeben und er zog sich auch von ihr zurück. Bevor er sich von ihr verabschiedete, sagte er das, was Frau Mesb schon lange ahnte, nämlich dass er an AIDS erkrankt war. Sie selbst wusste, dass sie HIV-infiziert war, doch es ging ihr – noch – gut. Wochenlang lag Yared in seinem Bett im Dormitorium, wurde von Kommilitonen mit dem Nötigsten versorgt, doch seine Kräfte schwanden. Immer wieder frage er sich: „Warum passiert mir das? Warum wurde ich krank? Warum habe ich mich in eine solche Situation begeben? Warum sieht sie als Trägerin der Krankheit gesund aus und ich fühle mich so Elend?“ Fragen über Fragen, Antworten konnte er keine finden.

Abgemagert und schwach hatte er nur noch einen Wunsch. Er wollte nach Hause gehen und seine Mutter und seine Familie wieder sehen. Im Geheimen hoffte er, Mutter könnte ihm helfen, sie würde schon das richtige Mittel finden, um ihn wieder gesund zu machen. Sie hatte ein großes Wissen um Zaubertränke, Salben und hatte schon viele Wunden heilen können. So entschloss er sich, einen Flug zum Regionalflughafen im Norden zu buchen. Zum Glück hatte er genügend Geld verdient, um diesen Flug zu bezahlen. Schon früh, um sechs, musste er am Flughafen sein für den Flug um acht Uhr. Er ließ sich von einem Kommilitonen bis zum Flughafen begleiten, dann musste er alle Kräfte zusammennehmen, um ins Flugzeug zu gelangen. Nach Ankunft auf dem Regionalflughafen schaute sich Yared nach einer Transportmöglichkeit um. Es gab zwar Sammeltaxis, doch die fuhren nicht hinauf aufs Land, ins Wadi zu seiner Mutter. So blieb ihm nur die Möglichkeit, ein Pferdefuhrwerk um den Transport zu bitten und den langen, beschwerlichen Weg auf diese langsame, unbequeme Weise zu bewältigen. Der Fuhrhalter musterte ihn lange und kritisch. Seine Hautausschläge und seine bis auf die Knochen abgemagerte Postur machten ihn vorsichtig, doch schließlich war er um etwas Einkommen froh und sicherte Yared den Transport zu. Drei Stunden sollten sie unterwegs sein. Mehrmals musste angehalten werden, denn Yared litt an schrecklichem Durchfall. Nach einer Entleerung neben dem Weg mobilisierte er alle Kräfte, um auf die Ladefläche des Pferdefuhrwerkes zu gelangen. Dort legte er sich stöhnend und wimmernd hin, während der Kutscher wieder losfuhr. Doch die Anstrengung war wohl zu viel gewesen, auf halbem Weg mochte Yareds Herz nicht mehr. Vorerst unbemerkt vom Kutscher verstarb Yared. Schon zu Beginn der Fahrt hat er dem Pferdehalter erklärt, wohin er muss. Dies erlaubte ihm, ihn nach Hause zu fahren und dort seiner Mutter und der Familie zu übergeben.

*Horse taxi – Pferdefuhrwerk*

Freudig hörten Alem und die anwesenden Kinder das von Weitem anrollende Pferdefuhrwerk und sie sagte: „Endlich kommt er wieder, der gute, liebe Sohn. Endlich hat er den Weg zu uns wieder gefunden. Ich danke Gott, dass er ihm den Weg zu uns gezeigt und ermöglicht hat." Doch beim Nahen des Fuhrwerks verwandelte sich die Freude in ein angespanntes Spähen. Die Tatsache, dass der Kutscher allein auf dem Bock saß und Yared hinten auf der Ladebrücke lag, erfüllte sie mit Bangen. Als das Fuhrwerk anhielt und Alem zu Yared ging, erkannte sie das Unvorstellbare, nämlich dass ihr Sohn nicht mehr lebte. Ihre Kräfte versagten, ihre Knie knickten ein, sie fiel in eine Art Trance und war nicht fähig, ein Wort zu sagen. Die Kinder nahmen sie in die Arme und versuchten sie aufzurichten, doch es dauerte einige Zeit, bis Alem sich ein klein wenig erholt hatte. „Mein Gott, mein Gott, warum hast du uns verlassen? Warum tust du uns an?", erinnerte sie sich an die Worte Jesu im Todeskampf am Kreuz. Die Kinder betteten den Leichnam Yareds auf dieselbe Bank, auf der ihr Mann, Priester Sisay, verstorben war. Wie von ferne hörte Alem das Geschrei und die Totengesänge der

Kinder und der inzwischen eingetroffenen Nachbarn. Makeda machte sich sofort auf den Weg, um Priester Kesis zu benachrichtigen und ihn um Beistand für ihre Mutter und die ganze Familie zu bitten. Dieser beeilte sich, noch vor Einbruch der Dunkelheit am Wadi anzukommen, wo er die Familie in tiefstem Leid, weinend und wehklagend vorfand. Es dauerte, bis es ihm gelang, wenigstens Alem ein wenig zu trösten. Auf dieser lastete der Tod ihres Sohnes doppelt. Immer wieder erinnerte sie sich an den Hinschied ihres geliebten Mannes, Priester Sisay, der auch viel zu jung in die Ewigkeit abberufen wurde. Sie hatte keine Ahnung, weshalb ihr Sohn verstorben war, nie sollte sie erfahren, dass die Todesursache dieselbe war wie bei ihrem verstorbenen Mann. AIDS als Schrecken in vielen Teilen Afrikas war ihr nicht bekannt, sie musste den Tod einfach als Wille Gottes zu akzeptieren versuchen. Das gelang ihr mehr schlecht als recht. Immer wieder die Frage nach dem Warum? Immer wieder die Frage, warum ER, warum nicht ich? Und keine Antwort. Priester Kesis war von diesem Todesfall auch sehr tief betroffen, traurig und ohnmächtig. Als Gottesgläubiger versuchte er, die Antwort in der Heiligen Schrift zu finden und versuchte immer wieder, mit den Worten „Dein Wille geschehe – wie im Himmel so auf Erden“ die Anwesenden einigermaßen zu trösten.

Es wurde Nacht, ehe Alem und ihre Kinder in der Lage waren, Yareds Leichnam einzuölen und in ein weißes Tuch zu hüllen. Als sie am entblößten Leib die Ausschläge und die von Durchfall verschmutzen Hosen sahen, kam Erbarmen für den Verstorbenen auf. Wie viel muss er gelitten haben? Welche Strapazen muss er durchgemacht haben? Ist es vielleicht doch Gottes Wille, dass er von noch Schwererem verschont wurde und durch das Sterben erlöst wurde? Es gab keine Antwort auf diese Fragen. Auch Priester Kesis, der die Nacht bei der Familie verbrachte, vermochte wenig Trost und Zuversicht zu verbreiten.

Am frühen Morgen des kommenden Tages machten sich Solomon und Berihu auf, um zur Kirche zu gehen und dort das Grab für ihren Bruder auszuheben. Noch war ein Platz neben dem Grab des Vaters frei, so dass sie dort das Grab ausheben konnten. Es war für sie ein ganz kleiner Trost, dass Yared zumindest bei seinem Vater die Ewigkeit verbringen durfte, wie sie es deuteten. Kaum war das Grab tief genug gegraben, da nahte auch schon der kleine Trauerzug. Vier Nachbarmänner trugen Yared auf einer improvisierten Bahre, dahinter die Trauerfamilie, dann einige Männer aus der Nachbarschaft und dann viele Frauen aus der Umgebung. Priester Kesis, viel Trauer gewohnt, musste sich überwinden, die richtigen Worte zu finden und damit Trost zu spenden. Worte wie „Der Herr hat's gegeben, der Herr hat's genommen" vermochten die Trauernden nicht zu trösten, ein wenig vielleicht die Worte „Yared hat seinen Platz neben seinem Vater gefunden, gemeinsam werden sie im Himmel über unser Leben wachen". Wie schon beim Hinschied ihres Gatten musste Alem auch jetzt wieder erfahren, dass auch die tiefste Gläubigkeit und Gott-Ergebenheit nicht vermag, den Schmerz der Trauer zu lindern. Oder – auch wie schon bei ihrem geliebten Mann – erst im Laufe der Jahre darnach. Und doch war sie dankbar, dass Yared hier, wo sein Vater ist, wo seine Ahnen ihre letzte Ruhestätte hatten, begraben sein darf und nicht irgendwo in der Hauptstadt an einem anonymen Ort lieblos in einem Massengrab beigesetzt wurde.

# Schwere Entscheide

Alem, inzwischen geschätzt 40 Jahre alt, musste sich anstrengen, das Leben weiter zu bewältigen. Immer wieder bat sie Gott um Kraft und Beistand, um wieder in den Alltag zurückzufinden. Natürlich waren die Schicksalsschläge mit ihrem Mann und Sohn allgegenwärtig, doch sie war es ihren drei eigenen und den drei angenommenen Kindern schuldig, ihre Pflichten zu erfüllen. Es durfte nicht sein, dass diese ohnehin durch die Todesfälle arg mitgenommenen Jugendlichen noch zusätzliches Leid und Entbehrungen erfahren müssten. So gab ihr das Pflichtbewusstsein, für die Kinder sorgen zu müssen, die Kraft, ihren Alltagspflichten nachzugehen.

Da die Kinder älter und größer wurden, musste sie mehr Wohnraum schaffen und überlegte sich, neben dem Garten eine zusätzliche Hütte zu bauen. Vielleicht nicht eine beständige Steinhütte, sondern allenfalls eine Holzhütte, verkleidet mit einem Gemisch aus Lehm und Dung vom Ochsen. Doch dies war nur die Wohnsituation. Diese stellte sie einstweilen zurück und man fand sich mit der Enge des Hauses ab. Mehr und mehr beschäftigte sie sich jedoch mit der Frage, wie die Zukunft der drei Angenommenen und die ihrer Tochter Makeda und des Jüngsten, Berihu, aussehen solle oder werde. Wie sollte sie, natürlich mit Unterstützung der Kinder, längerfristig für die Ausbildung und Ernährung einer so großen Familie aufkommen? Besonders am Herzen lagen ihr auch die Angenommenen. Diese gingen alle drei zur Schule, doch, was nach Beendigung der 10- oder 12-jährigen Schulzeit? Dieser Gedanke belastete sie zunehmend. In Gebeten bat sie um Hilfe, den richtigen Weg zu finden. Einen Weg, der den Kindern Zukunftschancen eröffnen würde. In ihrer Ratlosigkeit wandte sie sich an

Priester Kesis, der seit dem Tode ihres Sohnes noch öfters bei ihr vorbei schaute, ihr Trost und Kraft spendete und ihr stets aus der Bibel zitierte.

In jener Gegend gab es fast täglich Flüchtlinge aus dem nahen Eritrea, welche bei den Stammesangehörigen im Tigray nach einem besseren Leben suchten. Das Internationale Komitee vom Roten Kreuz war vor Ort, nahm diese Flüchtlinge auf, versorgte sie fürs Erste und suchte dann nach Lösungen. Viele wurden in Lagern untergebracht und andern wurde geholfen, in einem der schnell wachsenden Dörfer den Bau eines einfachen Hauses zu ermöglichen. Allein geflüchtete Jugendliche oder Kinder, deren Eltern auf der Flucht zu Tode kamen, fanden in Waisenhäusern Zuflucht. Priester Kesis hatte von einem solchen Waisenheim in der Hauptstadt Addis Ababa gehört, das schon viele solcher Waisen aufgenommen hat. Über das IKRK erfuhr er die Adresse. Es war das Wessene-Waisenhaus, welches stets offen war für Waisen in Not. Gegründet wurde dieses Waisenhaus von Frau Wessene. Diese stammte aus wohlhabender Familie. Sie selbst war Krankenschwester, ihr Mann Arzt. Als dieser bei einem Autounfall ums Leben kam, entschied sich Frau Wessene, ihr ganzes Geld in der Fürsorge von Waisenkindern einzusetzen. Sie verkaufte ihr Haus, um am Stadtrand von Addis Ababa eine große Unterkunft für rund 100 Menschen zu kaufen. Gezielt las sie ihre Waisenkinder aus. Sie mussten aus christlichen Verhältnissen kommen, mussten beide Elternteile verloren oder – was während der Hungerperiode in den Jahren um 1980 auch der Fall war – von den Eltern verstoßen worden sein, weil sie ihre Kinder nicht mehr ernähren konnten. Frau Wessene legte großen Wert auf gute, christliche Erziehung und auf Ausbildung. Viele der im Wessene-Waisenhaus aufgewachsenen Kinder setzten sich im Erwachsenenalter als Hilfskräfte ein und unterstützten Frau Wessene. Ja, es gab Fälle, wo einstige Waisen nach ihrer Ausbildung selbst solche Waisenheime aufbauten und betrieben.

„Ich sehe ein", sagte Priester Kesis bei einem Besuch bei Alem, „dass dir der ganze Betrieb zu viel wird und du die Verantwortung nicht länger tragen kannst. Ich will versuchen, ob wir allenfalls die drei angenommenen Kinder im Wessene-Waisenhaus in Addis Ababa unterbringen könnten. Du hättest dann noch genug mit deinen eigenen Kindern zu tun." Diese Worte trafen Alem sehr hart. Die drei Kinder waren ihr fast wie eigene ans Herz gewachsen und nun soll sie diese in fremde Hände geben? Sie fühlte sich als schlechte Mutter und als Verräterin an diesen Kindern. „Ich muss darüber nachdenken und versuchen, im Gebet eine Antwort zu kriegen. Im Moment kann ich nicht ja sagen", entgegnete sie Priester Kesis. Dieser hatte dafür volles Verständnis und verabschiedete sich. Nachdem Alem in vielen, teils schlaflosen Nächten darüber gesonnen und gebetet hatte, was mit den Kindern passieren soll, fasste sie den Entscheid, mit den Kindern zu reden.

Als die Kinder vom Wasserholen und Holzsammeln zurückkamen, rief sie alle unter die Akazie, um etwas mit ihnen zu besprechen. Sie hatte sich gut vorbereitet und wusste auch, dass es für die Kinder eine Neuigkeit war. „Also, liebe Kinder, alle, ich muss mit euch heute etwas besprechen, das mir große Sorgen macht. Wenn ich es euch erkläre, könnt ihr mich sicher verstehen." Die Kinder waren es nicht gewohnt, mit so viel Ernst in der Stimme angesprochen zu werden. Sonst waren solche Gespräche immer sehr locker und ließen Zeit und Raum für diese und jene Ablenkung, für Gekuschel miteinander oder den einen oder andern Spaß. Diesmal war es anders. Aufmerksam hörten sie Alem sagen: „Seit dem Tode meines Mannes sind wir zusammen miteinander verantwortlich, dass wir genügend zu essen haben, genügend Vorräte und dass immer jemand da ist, um zu helfen. Nun aber muss ich an eure Zukunft denken. Bald werdet ihr die Schule verlassen und was dann? Es geht unmöglich, dass ihr dann alle weiter hierbleibt und hier arbeitet. Wir müssen versuchen, in die Zukunft zu schauen und dann das tun, was für euch das Beste ist. Für Makeda ist insofern gesorgt, als sie sicher in naher Zukunft einem Mann begegnen wird – wenn dies nicht schon geschehen ist, ohne dass wir es wissen", fügte sie bei, „Und dann wird sie heiraten und einen eigenen Haushalt gründen. Das haben wir schon öfters miteinander besprochen und deshalb mache ich mir darüber keine Sorgen. Auf Solomon bin ich ganz fest angewiesen, er ist der beste Mann auf dem Hof, den ich mir vorstellen kann, und ich kann nur hoffen, dass wir zwei noch lange, viele Jahre miteinander arbeiten können." Solomon neigte seinen Kopf in einer ergebenen Haltung auf die Schulter und sagte freudig: „Ja, Mutter, nicht nur du brauchst mich, auch unsere Kuh, der Ochse, die Ziegen und die Nachbarn, denen ich immer wieder helfe. Das muss so bleiben, etwas anderes gibt es nicht." Diese Worte waren Musik in Alems Ohren und schon während Solomon sprach, murmelte sie ein kurzes Stoßgebet und dankte Gott für den Segen, mit Solomon weiter zusammen sein zu dürfen. „Dann zu dir, lieber Berihu, in einem Jahre endet deine Schule und wie ich dir schon gesagt habe, will dir der Hotelier vom Mayasa-Hotel eine Ausbildung als Hotelangestellter bieten. Du warst ja schon bei ihm als Ferienaushilfe, und seither rechnet er fest mit dir. Also darf ich auch annehmen, dass für deine Zukunft die Weichen gestellt sind." Berihu stand auf und sprach zur Runde: „Ja, und wenn ich dann genügend Geld verdient habe, lade ich euch alle mal in das Hotel zum Essen ein. Ich habe gesehen, wie das die reichen Leute machen und ich dachte schon immer, das sollten wir auch mal tun können." „Danke, du Lieber", entgegnete ihm Alem. „Gewiss, du meinst es gut und wir werden an deine Worte denken." Insgeheim dachte sie jedoch, dass es wohl nie so weit kommen werde. Sie war bei der Arbeit in der Baumschule öfters die Straße beim Hotel durchgelaufen und hat gesehen, wie dort Leute mit Autos verkehren, also ganz, ganz reiche Leute. Also musste dieses Restaurant für Leute wie sie viel zu teuer sein.

„Doch nun zu euch Dreien", wandte sie sich an die Angenommenen. „Auch eure Schulzeit endet innerhalb der nächsten drei Jahre für alle drei. Was immer ich für euch tun kann, so will ich es auch in Zukunft tun, wie schon in der Vergangenheit.

Doch ich muss an eure Zukunft denken, und da bin ich tatsächlich überfordert. Erschreckt jetzt nicht, wenn ich euch Folgendes sage: Priester Kesis, der es auch sehr gut mit euch meint, hat mir gesagt, dass er in der Hauptstadt ein Heim kennt, in welchem Kinder sehr gut aufgehoben sind und wo ihnen eine gute Ausbildung ermöglicht wird." Gespannt schaute Alem in die Gesichter der drei ihr sehr lieb gewordenen Menschen, mit denen sie noch immer viel Erbarmen hatte. Die drei Kinder blickten weiter aufmerksam zu Alem, sagten noch nichts und warteten wohl auf weitere Erklärungen. „Wir können zusammenbleiben, bis ihr die Schule beendet habt, dafür haben wir auch genügend zu essen und ich bin auch immer glücklich, wie schön ihr Kinder es zusammen habt und wie wir als Familie einander lieben. Doch eine Ausbildung kann ich euch leider nicht bieten. Das Studieren ist teuer und ich habe mit Yared so traurige Erfahrungen gemacht, dass ich dies nicht nochmals einem jungen Menschen zumuten möchte. Und hier auf dem Land sind alle anderen Möglichkeiten, bei einem Geschäft eine Anstellung zu finden, sehr schwierig, weil es solche nicht gibt. Aber in Addis Ababa, so hat mir Priester Kesis versichert, sind junge Leute wie ihr sehr gefragt und es ist leicht für euch, eine Anstellung zu finden. So könntet ihr Geld verdienen und euch eine Zukunft aufbauen. Ich weiß, das alles kommt jetzt überraschend und ich hoffe fest, dass ich euch nicht zu sehr erschrocken habe." Der Älteste der drei, ein Graduate 11, also ein Jahr vor Schulende, fragte seine Geschwister, ob er für sie reden dürfe und als diese bejahend nickten, sagte er: „Du weißt, wie sehr wir dich als Mutter lieben und dir dankbar sind, was du für uns getan hast. Natürlich wäre uns nichts lieber, als wenn wir bei euch bleiben und weiter so friedlich und schön zusammenleben dürften. In der Schule reden wir jedoch viel über die Zukunft und viele unserer Kolleginnen und Kollegen wissen schon, was sie tun wollen oder tun werden. Einige, die mit guten Noten, werden irgendwohin an eine Universität studieren gehen (Hinweis: wo, das wird vom Staat angeordnet), andere wollen auf Baustellen bei den Chinesen arbeiten, weil man dort am meisten Geld verdient. Zwei haben schon die Zusage vom Kloster Debre Damo, dass sie als Diakone aufgenommen werden. Andere wollen auf einer Bank oder in der Gemeinde-Administration arbeiten oder einige Mädchen auch im Spital in der Provinzhauptstadt. Die hoffen, dass sie dort von einem Doktor geheiratet werden. Und für die alle heißt es auch, das Elternhaus verlassen und neue Freunde finden. He, was meint ihr dazu?", wandte er sich an seine jüngeren Geschwister, deren Reife noch nicht so weit fortgeschritten war. „In unserer Klasse haben schon viele Mädchen die Schule aufgegeben und arbeiten irgendwo. Wir hatten bisher Glück, in der Schule und hier bleiben zu können. Ich weiß nicht, was ich machen und sagen soll." Der Austausch zog sich in die Länge, es wurden Pläne geschmiedet und verworfen, Ideen entwickelt, sich gegenseitig Mut gemacht, der innigen Verbundenheit Ausdruck gegeben, gute und schlecht Beispiele genannt und zwischendurch auch mal gelacht, wenn ein utopischer Vorschlag vorgetragen wurde. Nach Langem meldete sich auch Makeda zu Wort und meinte: „Aber Mama, wenn unseren drei Stiefgeschwistern solche Chancen eröffnet werden, warum soll ich dann heiraten und hierbleiben? Könnte ich nicht auch mitgehen und eine Möglichkeit zur Ausbildung und zum Geld verdienen erhalten?" Auf diese Frage war Alem nicht vorbereitet und total überrascht, war sie doch der Meinung, sie hätte in vielen früheren Gesprächen die Weichen für Makeda gestellt. Doch irgendwie beeindruckte sie die Haltung von Makeda und sie sagte ihr: „Makeda, ich habe nie daran gedacht, dass du allenfalls auch andere Absichten haben könntest, doch wir wollen dies miteinander in Ruhe besprechen. Solche Weichenstellungen müssen gut abgewogen sein und vielleicht können wir auch mal mit Priester Kesis darüber reden, was für dich der beste Weg sein wird. Also, wir überdenken das beide und reden allein wieder darüber. Einverstanden?" Makeda nickte und ergänzte: „Ich hoffe, ich habe dir nicht weh getan, Mama."

Alem war überglücklich, dass dieses Gespräch so sachlich und vernünftig gelaufen ist, war aber auch sehr traurig, die Trennung von diesen drei liebenswerten, schwer geprüften Menschenkindern vorauszusehen. Es wurde ihr schwer ums Herz, wenn sie an den Abschied dachte. Und doch, sie war überrascht, wie diese jungen Menschen schon in der Schule mit ihren Kameradinnen und Kameraden über die Zukunft gesprochen haben. Eine gute Voraussetzung, für die drei Heranwachsenden eine gute Lösung zu finden.

Nach einigen Tagen traf sie sich mit Priester Kesis, um diese Angelegenheit zu besprechen. „Am besten wäre, du konntest die drei Kinder dorthin begleiten und übergeben", meinte der Priester wohlwollend. Doch für Alem war dieser Gedanke fremd. Noch nie hat sie die Umgebung verlassen und konnte sich nicht vorstellen, sich in der Großstadt zurecht zu finden. „Nein, bitte, Priester Kesis, bürde mir diese Last nicht auf, ich wäre nicht in der Lage, das zu machen. Ganz abgesehen davon, dass ich hier gebraucht werde und nicht weg gehen kann." Eigentlich hatte Priester Kesis mit dieser Antwort gerechnet, denn er kannte ja das Befinden der Menschen hier. Er hatte aber noch einen anderen Vorschlag bereit, nämlich dass ein Priester die Kinder begleitet und sie so unter dem Segen Gottes in die neue Situation gelangen. Dieser Vorschlag kam bei Alem sehr gut an und sie stimmt sofort zu. „Ich werde mit Priester Haimanot reden und ihn fragen, ob er dazu bereit sei. Die Kosten für die Bus-Tickets würden dann auch von der Kirche bezahlt." Alems Gemüt hellte sich auf. Der Trauer, von diesen drei ihr so liebgewordenen Kindern Abschied zu nehmen, wich die Freude, dass sich eine gute Neuregelung anbahnte. Gemeinsam mit Priester Kesis wollte sie Gott für diesen weisen Rat und Weg danken. Sie versanken in ein tiefes Gebet.

Als Priester Kesis seinen Kollegen aus einer Nachbarkirche um diesen Dienst fragte, sagte dieser gleich zu. Er war schon viel gereist und kannte sich auch in der Hauptstadt aus, ja er hatte dort Familienmitglieder und Freunde. In seiner Güte und Weisheit machte er noch einen anderen Vorschlag, nämlich: „Wie wäre es, Kesis, wenn ich mit diesen drei Kindern einfach mal dorthin reisen würde, wir brauchen zwei Tage mit dem

Bus, dann könnten wir die neue Wohn- und Lebenssituation anschauen und die Kinder damit etwas vertraut machen, und dann wieder zurückreisen. Dann hätten die Kinder Zeit, darüber nachzudenken." „Keine schlechte Idee", entgegnete Priester Kesis, „aber etwas aufwendig, denn in diesem Falle musst du die ganze Reise zweimal machen." „Gut, dann gibt es noch eine andere Lösung", sagte Priester Haimanot nach kurzem Nachdenken, „und das ist wohl die beste. Ich gehe mit den Kindern und wir versprechen ihnen, dass wenn es ihnen im Wessene-Heim nicht passt, ich sie alle oder diejenigen, die nicht dableiben wollen, wieder mit zurücknehme." Über diesen doch etwas speziellen Vorschlag musste Priester Kesis länger nachdenken, fand dann aber die Lösung gar nicht so schlecht und war insgeheim auch schon sicher, dass sich die Kinder nicht trennen ließen, d. h. alle drei blieben dort oder alle drei kämen zurück. „Gut, das planen wir so. Bitte gehe morgen zu Alem und frage sie, ob sie und auch die Kinder einverstanden sind. Inzwischen nehme ich Kontakt zum Wessene-Heim auf und frage, ob diese überhaupt Platz für die Kinder haben." Vom IKRK hatte er die Telefonnummer von Frau Wessene, rief sie an und erklärte ihr eingehend die ganze Situation. Als Frau Wessene von der Tragik in der Familie der Kinder erfuhr, war sie betroffen und gerührt und sagte ins Telefon: „Für solche Kinder habe ich mein Zentrum aufgebaut. Wir sind zwar fast voll, doch für solche Menschen finden wir immer wieder eine Lösung. Bring die Kinder, sie sind willkommen."

Überwältigt von der Gütigkeit dieser Frau und von der Weisheit und Hilfsbereitschaft seines Priesterkollegen Haimanot ging Priester Kesis zwei Tage später zu Alem und erläuterte ihr all diese Pläne und den Willkommensgruß vom Wessene-Heim. Alem war überwältig, welche Lösung diese Priester gefunden hatten, dankte ihm immer und immer wieder und küsste inbrünstig das goldene Kreuz des Priesters. Laut und mit Tränen in den Augen betete Alem: „Gott, du bist gütig, Gott, du weist uns immer den Weg, Gott, ich danke dir für deine Hilfe, heute und in Ewigkeit."

*Alem küsst das Kreuz von Priester Kesis*

Alem mochte nicht lange damit warten, diese Neuigkeit ihren Kindern mitzuteilen und so gab es eine weitere Besprechung unter der Akazie. Sie war aufgeregt, in ihrem Herzen ein Gemisch aus Freude, eine gute Nachricht weitergeben zu können, aber eben auch die Trauer, drei ihrer sehr liebgewonnenen Kinder wegzuschicken.

Sie erläuterte den Kindern den neuen Plan, der schon bald, nämlich nach Beginn der Schulferien, umgesetzt werden sollte. Sie wollte, dass die Kinder das Schuljahr korrekt abschließen und ihre Zeugnisse bekamen. Es war ja ohnehin immer eine große Spannung, wenn die Kinder nach Hause kamen und berichteten, an welchem Rang sie eingeordnet wurden. Das war natürlich vor allem für diejenigen eine Freude, welch in den vorderen Rängen waren, so ab Rang 15 erlosch die Begeisterung (die Schulkinder erhielten keine Noten, sie wurden vom Besten bis hin zum Schwächsten in einer Reihenfolge eingeordnet).

Die Kinder wussten ja wohl, dass der Entscheid ihres Abschiedes schon gefallen war und nahmen so mit Interesse zur Kenntnis, was sie erwarten würde. Zwar äußersten sich alle drei, dass sie wohl wieder zurückkommen werden, denn so schön wie hier könnten sie es nirgendwo haben. Der Abschied und die Fahrt in die Hauptstadt wurden auf Mitte Juli geplant und auch so durchgeführt. Alem war beauftragt, die Kinder bis zur Bezirksstadt zu bringen und dort Priester Haimanot zu übergeben. Sehr früh am zweiten Montag des Juli stand sie auf, weckte die Kinder und bat sie, die am Vorabend je in ein Bündel gepackten Siebensachen mitzunehmen und zu gehen. „Es ist so weit", sagte sie mit aufmunternden Worten, „jetzt könnt ihr eine große Reise machen und dann schauen, wie es dort aussieht. Ihr wisst ja, dass ihr jederzeit wieder zurückkommen könnt, wenn es euch dort nicht passen sollte." Die Kinder freuten sich über diese Worte und irgendwie waren sie auch etwas erfreut, eine so große Reise durch ihr Land machen zu dürfen. Es war die Vorfreude auf schöne Erlebnisse, welche ihnen den Abschied erleichterte. Nach zweistündigem Fußmarsch erreichten Sie die St.-Michaels-Kirche, in welcher Priester Haimanot die Kinder empfing und schon bald darauf mit ihnen zum Busbahnhof schritt. Der Bus stand schon bereit und sollte pünktlich abfahren. Und darin die drei Kinder, begleitet von Priester Haimanot.

*Die drei Geschwister verabschieden sich*

# Das Waisenheim

Etwas am Stadtrand gelegen hat Mutter Wessene – so wurde sie von allen Kindern, Helfern und der Öffentlichkeit genannt – ein Grundstück zur Miete erhalten, auf welchem genügend Baulichkeiten für die Unterbringung von bis zu 100 Kindern und Jugendlichen vorhanden waren. Es gab eine Küche, einen großen Ess-Saal, einen Kindergartenraum für die Vorschul-Waisen, Räume zum Handwerken, sanitäre Einrichtungen und dann die Schlafsäle. Für Mädchen und Knaben gab es in zwei verschiedenen länglichen Gebäuden Liegestätten. Dies waren lange Holzpritschen, eine etwas vom Boden erhöht, die andere auf 1,5 m Höhe. Auf diesen Holzpritschen lagen mit Laub oder Stroh gefüllte Matratzen, auf denen die Kinder schlafen konnten. Und je nach Jahreszeit gab es Wolldecken gegen die Kälte. Die Aufseherinnen und Aufseher schliefen bei ihren Kindern, auf denselben Pritschen. Diese Aufsichtspersonen waren alles ehemalige Waisenkinder, die keine Ausbildung machen konnten. Sei es, weil sie ohne schulische Vorbildung im Heim angelangt waren, oder weil sie einfach nicht die nötige Intelligenz hatten, um zu studieren.

Für Mutter Wessene gab es Prinzipien, die jedem Waisenkind von Anfang an klargemacht wurden. Es waren dies vor allem: Alle sind dem christlichen Glauben verpflichtet, Gebet und Gesänge gehören zum Alltag und selbstverständlich das Benehmen als Kinder Gottes, d. h. Anstand, Gottesglaube und -furcht, gegenseitiger Respekt voreinander und Vermeidung von Zwist und Streit. Dann: Gemeinsamkeit leben, d. h. jeder ist für jeden da, alle sollen einander helfen so gut es geht. Den Schwächeren soll besonders geholfen werden und sie sollen als vollwertige Mitglieder der Gemeinschaft anerkannt, geschätzt und ja – geliebt werden. Und besonders auch: Lernen für die Zukunft. Mutter Wessene war besessen darauf, jedem Kind eine Chance für das Leben mit auf den Weg zu geben und dazu gehörte eine gute Ausbildung. Schon die jüngsten Waisen wurden so im Heim in einer Art Kindergarten auf die Schule vorbereitet. Die Schulen, Klassen 1–12, wurden in Häusern außerhalb des Heims besucht.

Durch diese „Erziehung" erwuchsen im Heim Menschen, die fest verankert im Glauben meist eine gute Ausbildung absolvierten und so die Chance hatten, eine bezahlte Stelle zu finden.

Im Heim nahm das Leben seinen gewohnten Lauf. Jetzt, in der schulfreien Zeit im Juli, verbrachten die Kinder die meiste Zeit im Heim, sie vertrieben sich die Zeit mit Basteln, Handwerken, Spielen und gelegentlichen Ausflügen zu Fuß in die Eukalyptuswälder in der Nähe des Heims. Mit selbstgebastelten Instrumenten wurde auch Musik gemacht. Und natürlich gehörten das regelmäßige Singen, das Lernen von einfachen Theaterstücken, das Lesen in der Bibel und das gemeinsame Beten dazu.

*Willkommensgruß im Wessene-Waisenheim*

Regelmäßig kamen neue Kinder dazu, während ältere das Heim verließen, um bei einer Gastfamilie zu arbeiten oder an einer der vielen Fachschulen oder Universitäten zu studieren. So war auch die Ankunft der drei Geschwister für die Waisenhauskinder nichts Neues, dennoch hießen sie diese – wie üblich – mit großer Herzlichkeit willkommen. Dazu gehörte nicht nur die Zuteilung des Schlafraumes, der Rundgang durch die Baulichkeiten mit entsprechenden Erläuterungen, sondern auch ein gemeinsamer Gesang.

Ein solcher Empfang war für die drei Geschwister mehr als überraschend. Sie kamen aus dem Staunen nicht heraus, was für ein Leben hier herrschte. Ja, es wurde ihnen warm ums Herz und als sich Priester Haimanot nach dem gemeinsamen Essen an die Geschwister wandte und fragte: „Nun, wie gefällt euch dies hier? Habe ich zu viel versprochen?", meldeten sich gleichzeitig alle drei zu Wort. Sie drückten in Worten und mit Strahlen in den Augen aus, dass sie sich hier wohl fühlten und bereits erste schöne Kontakte hatten. Allerdings wandte der Älteste ein: „Mit dem haben wir noch Mühe. Alle sprechen ganz schnell die Nationalsprache Amharisch, die wir in der Schule auch gelernt haben, doch wir haben halt untereinander immer Tigrinisch gesprochen." „Das wird sich schnell ergeben", besänftigte Priester Haimanot, „ihr werdet in Kürze auch das Amharisch so gut wie alle Kinder hier sprechen. Und das ist für eure künftige Schulbildung und das spätere Leben auch sehr wichtig." Eine weitere Frage hatte das Jüngste: „Wir haben in unseren Bündeln unsere blauen Schulkleider eingepackt, weil wir sonst keine schönen Kleider haben. Hier aber tragen alle Mädchen und Knaben so schöne Kleider. Nehmen sie uns auch mit unseren Schulkleidern auf?" Mutter Wessene, welche in der Nähe saß, hörte diese Frage und beantwortete sie gleich selbst. „Darüber müsst ihr euch keine Sorgen machen. Wir haben ausreichend Kleider für euch und für die Schule könnt ihr einstweilen eure bisherigen Schulkleider tragen. Später werdet ihr dieselben Kleider erhalten wie eure Klassenkameradinnen und -kameraden."

Wie es sich im Heim gehörte, ging es nach dem Dankesgebet nach dem Essen gleich ans Abwaschen des Geschirrs und Abtrocknen. Ungeheißen machten alle Kinder mit, die drei Geschwister mischten sich unter die Waisenkinder und halfen mit, gerade so, als hätten sie das schon immer getan.

*Mutter Wessene betet für die drei Geschwister und nimmt sie auf*

„Wollt ihr während eurer Schulferien hierbleiben und schauen, wie es euch hier gefällt?", frage Priester Haimanot die Geschwister. Er musste nicht lange auf die Antwort waren. Wie aus einem Guss antworteten die Geschwister: „Ja, gerne", wobei der Älteste ergänzend fragte: „Wenn wir unserer Mutter Alem damit kein Weh verursachen." Priester Haimanot wusste wohl, dass es für Alem schmerzlich sein wird, wenn er ohne die Kinder zurückkommt. Doch letztlich war es ja ihr Wille und sie wird stark genug sein, dies zu ertragen. „Da macht euch mal keine Sorgen", beruhigte Priester Haimanot, „eurer Mutter Alem ist alles daran gelegen, dass es euch gut geht. Und wenn das hier der Fall ist, dann wird auch sie zufrieden sein." Und nachdem Priester Haimanot mit Mutter Wessene alles Nötige besprochen und geklärt hatte, war es klar, dass die Kinder einstweilen hier bleiben würden. Er versprach, sich vor Ende August, also vor Ende der Sommerferien wieder zu erkundigen, wie es sei. Mit warmen Worten und mit einem Gebet hieß Mutter Wessene die Geschwister als neue Mitglieder in ihrem Heim herzlich willkommen, umarmte sie in mütterlicher Liebe und gab ihnen die Gewissheit, hier ein gutes, neues Zuhause zu finden.

Nachdem die wenigen Formalitäten erledigt waren, begab sich Priester Haimanot auf die Rückreise, nicht ohne vorher dem Büro des Patriarchen noch einen kurzen Besuch abzustatten. Da er unangemeldet war und sich der Patriarch auf Reise befand, war der Besuch nur kurz.

# Neuer Mut

Als Priester Kesis die Nachricht überbrachte, dass die drei Geschwister vorerst einmal für die Dauer der Schulferien im Wessene-Heim geblieben sind, war Alem mehr erleichtert als traurig. Natürlich hatte sie den Abschied von den Dreien noch nicht verarbeitet. Rational aber wusste sie, dass es der richtige Entscheid war.

So konzentrierte sich ihr Denken und Handeln auf den Alltag mit ihren drei verbliebenen Kindern. Am einfachsten war für sie die Situation mit Solomon. Für ihn war die Zukunft klar, zumindest so lange Alem leben würde. Hier gab es für ihn genügend Arbeit und durch die Erträge aus dem Anbau von Getreide und Früchten sowie dem Verkauf von Eiern und Honig konnte er leben. Und wenn das Geld mal knapp wurde, waren Nachbarn froh, ihm im Taglohn Aufgaben zu übertragen.

*Sohn Solomon mit Kuh unterwegs in der Trockenzeit*

Auch Makeda – seit wenigen Jahren tüchtige Hilfe im Haus und auf dem Feld und zwischendurch auch Mitarbeiterin in der Baumschule zusammen mit der Mutter – machte Alem nicht allzu große Sorgen. Es war ein offenes Geheimnis, dass sie auch bereits einen Mann im Auge und wohl auch im Herzen hatte, den sie sich als ihren einstigen Gatten vorstellen konnte. Sie begegnete ihm öfters, wenn sie für Besorgungen ins Dorf musste. Meist saß er dort mit Kollegen vor einem Café auf einem Hocker und trank Tee oder Kaffee. Sein Vater war der Inhaber des Cafés und so half er aus, wenn es mal viel Arbeit gab. Es war für Makeda schon ungewohnt, dass Menschen sich tagsüber beim Schwatzen und Spielen mit Kronkork-Flaschendeckeln die Zeit vertrieben. Während man sich anfänglich nur im Vorbeigehen mit dem üblichen Selam grüßte, blieb Makeda vermehrt auch kurz stehen und wechselte ein paar Worte mit ihm und einmal überwand sie sich zu folgender Frage und Aussage: „Wie heißt du eigentlich und hast du eigentlich keine Arbeit, dass du den ganzen Tag hier rumsitzt und dir die Zeit vertreibst?“, fragte sie mutig. „Hast du eigentlich keine Arbeit? Ich sehe dich immer nur rumsitzen und plaudern. So kann es mit dir doch nicht weitergehen! Wovon willst du leben?“ Misgan, so hieß der Mann, gab prompt zur Antwort: „Da täuschst du dich, schönes Fräulein, ich arbeite hier bei meinem Vater und lerne, wie man ein solches Café führt. Sobald mein Vater genügend Geld zusammen hat, will er mir auch ein solches Café eröffnen, welches ich dann selbst betreiben soll.“ Jetzt war Makeda baff, diese Antwort hatte sie nicht erwartet. Da sie aber ein Auge auf ihn geworfen hatte, malte sie sich in Gedanken schon aus, wie es wäre, wenn sie die Frau eines Café-Inhabers werden würde. Sie fand die Idee gar nicht schlecht. Dieser Gedanke verfolgte sie fortan und wie sie es von zu Hause gewohnt war, weihte sie bald auch mal die Mutter in ihr Geheimnis ein. Als diese sich positiv äußerte, schlug ihr Herz schneller und sie fing an, konkrete Pläne zu schmieden. „In einem Café laufend die Gäste mit Kaffee-Zeremonien zu erfreuen und auch Softdrinks zu verkaufen, wäre doch wirklich schön. Und dabei würde man sicher gut verdienen, vor allem wenn man den Kaffee selbst anbauen könnte", schwärmte Makeda und ihre Mutter stimmte ihr zu. Da Alem auch noch Teilzeit in der Baumschule arbeitete und gelegentlich bei jenem Café vorbeikam, machte sie von nun an hie und da einen Halt und trank einen Kaffee. Dabei konnte sie den Burschen, von dem Makeda schwärmte, beobachten.

*Äthiopische Kaffee-Zeremonie*

Doch je öfter sie ihn beim Kaffeetrinken insgeheim beobachtete, desto mehr kamen ihr Zweifel. Das stete Herumsitzen, etwas hoch angeben und nicht zuletzt auch das stete Schäkern mit Mädchen passte nicht zu Alems Weltbild. War so das Leben in der Stadt? War so das Leben bei Reichen? Sie konnte sich keinen Reim drauf machen und blieb etwas unsicher. Als sie ihre Zweifel Makeda kundtat, bestätigte diese, dass ihr das auch aufgefallen sei und dass sie ihn bei einem nächsten Besuch im Café darauf ansprechen wolle. Er war ihr so sympathisch und beeindruckte sie mit seiner überlegenen Art, dass sie sich schon etwas in ihn verliebt hatte. Aber das Verhalten musste natürlich mit ihren Werten übereinstimmen und das wollte sie wissen. So fasste sie sich bei einem nächsten Besuch Mut und sagte: „Misgan, warum sitzt du immer rum und redest, statt zu arbeiten? Und warum flirtest du mit den Mädchen und sprichst manchmal so unanständig?“ Jetzt war es gesagt und prompt antwortete Misgan: „Mach dir keine Sorgen, hier gibt es wenig zu arbeiten, weil mein Vater lieber hat, wenn Angestellte die Kunden bedienen als ich. Und wegen des Redens mit Kolleginnen und Kollegen mach dir keine Sorgen, das ist einfach so Geplauder. Wenn ich einst mein eigenes Café haben werde, das mir Vater eigentlich versprochen hat, werde ich schon arbeiten. Dann geht es auf meine Rechnung und dann wirst du sehen, wie tüchtig ich bin.“ Nur zu gerne hörte Makeda diese Worte und versuchte damit, abends auch die Mutter zu besänftigen. Der Weg für Makeda zeichnete sich ab.

Berihu, der Jüngste, hatte die Schule mit guten Zeugnissen abgeschlossen. Auf dem Hof gab es zwar immer etwas zu tun, doch Alem kam mit Solomon schon zurecht. So forderte sie Berihu auf zu überlegen, wie er seine Zukunft gestalten möchte. Dieser wusste wohl, dass er auswärts eine Beschäftigung finden musste. Dabei strebte ihm eine Arbeit mit sauberem Arbeitsplatz an. Der Umgang mit Tieren und die Feldarbeit lagen ihm nicht sehr, er wollte mit sauberen Händen arbeiten können. So kam eine Arbeit bei einem reichen Bauern nicht in Frage, auch weil man dort nicht gut verdiente. Immer wieder dachte er, eine Stelle bei der Administration wäre doch ideal, schließlich konnte er im Schreiben und Rechnen gute Noten vorweisen. Auch bewunderte er die Angestellten bei der Filiale der Commercial Bank, die er nur in blauen Anzügen von und zur Bank gehen sah. Das wäre natürlich auch ein super Job. Am einfachsten war zu jener Zeit, eine Stelle auf einer Baustelle zu erhalten. Denn die Chinesen hatten soeben begonnen, eine über 100 Kilometer lange Verbindungsstraße von der Stadt am östlichen Zipfel des Landes bis zur hiesigen Provinzstadt zu bauen. Da hörte man, wie gut die Chinesen zahlen und dass viele Leute gebraucht wurden. Deshalb interessierte ihn dies schon und er suchte immer wieder Kontakt zu Arbeitern, welche in der kargen Freizeit ins Dorf oder in die Provinzstadt zurückkamen. Von diesen hörte er von der guten Bezahlung, aber auch von der schlechten Behandlung und den stinkigen Unterkünften und häufigen Streitigkeiten. Nein, das war gar nicht seine Welt! Also verwarf er diesen Gedanken und schaute sich weiter um. Nach längerem Suchen fand er eine Anstellung bei einem Getränkehändler. Bei diesem fuhr jede Woche ein großer Coca-Cola-Lastwagen vor und entlud Softdrinks, die beim Händler zwischengelagert wurden und dann in die Restaurants, Cafés und in die zwei Hotels in dieser Kleinstadt geliefert werden mussten. Dieser Lieferservice war nicht nur eine körperlich anstrengende Arbeit, sie erforderte auch gute Rechenkenntnisse und ehrlichen Umgang mit Geld. Denn bei den kleinen Cafés, die nur ein bis zwei Kisten pro Lieferung erhielten, musste das Geld gleich einkassiert und dem Chef, dem Händler, abgeliefert werden. Mit den größeren Kunden rechnete der Händler selbst ab. Berihu gefiel diese Arbeit, besonders auch die vielen Kontakte mit den Kunden. Dort war er gern gesehen, weil er nicht nur die vollen Getränkeharasse gleich an den richtigen Ort stellte, sondern auch gleich das Leergut ordentlich mitnahm. Und dies immer mit Höflichkeit und Freundlichkeit, ohne jedes Mal einen Gratis-Kaffee zu verlangen, wie das bei vielen Burschen des Lieferservices üblich war. Die Tüchtigkeit dieses Burschen fiel auch dem Eigentümer des Corona-Hotels, dem besseren der zwei Hotels der Stadt, auf. Es beeindruckte ihn, wie gründlich Berihu arbeitete, wie bedacht er darauf war, dass jeder Lieferschein korrekt ausgefüllt und unterschrieben wurde. Bei einer Lieferung fragte der Hotelier Berihu: „Du arbeitest nun schon etwa ein Jahr beim Großhändler. Gefällt dir diese Arbeit noch immer, oder könntest du dir auch etwas anderes vorstellen?“ Berihu war überrascht und fragte sich, weshalb ihm diese Frage wohl gestellt wurde. „Ja“, antwortete er, „es gefällt mir gut, aber eigentlich arbeite ich immer noch darauf hin, einmal einen Job in der Administration, bei einer Bank oder in einem Büro, zum Beispiel bei einem Kontraktor, zu erhalten.“ „Gut so“, erwiderte der Hotelier, „vielleicht könnte ich dir auch eine Arbeit in unserem Hotel anbieten. Ich brauche einen jungen Mann wie dich, der allerdings auch die Rezeption und die Abrechnung mit den Gästen machen könnte." Ohne zu zögern, antwortete Berihu selbstbewusst: „Das könnte ich sicher, ich wäre auch ehrlich und freundlich zu den Gästen." Nach diesem Gespräch einigten sich die beiden, dass Berihu zum Monatsende beim Getränkegroßhändler kündigen und eine neue Stelle im Corona-Hotel annehmen würde. So wurde aus dem jungen Burschen der Rezeptionist. Jetzt konnte Berihu im Anzug arbeiten und fand dort definitiv die Stelle, die auf ihn zugeschnitten war. Er war Gott sehr dankbar, dass er ihm diesen Weg gewiesen hat.

*Berihu an der Rezeption*

# Makedas Weg

Nachdem Misgans Vater verschiedentlich bei Alem vorbeikam und mit ihr und Makeda seine Pläne besprach, galt es, dass Makeda den üblichen Monat im Haushalt der künftigen Schwiegermutter arbeiten musste. Das machte sie sehr gerne, denn so sah sie Misgan täglich, was ihre Liebe zu ihm festigte. Obwohl ihr nicht alles an ihm ganz gefiel, wollte sie diesen Mann heiraten und mit ihm mit der Führung eines Cafés ein neues Kapitel ihres Lebens aufschlagen. Sie freute sich sehr darauf. Problemlos bewältige sie den Monat bei ihrer Schwiegermutter, die ein inniges Verhältnis zu Makeda aufbaute und immer wieder vor sich hin sagte: „Was für ein Mensch! Was für eine tüchtige Frau!“, und insgeheim sorgte sie sich ein klein wenig, ob der Sohn dieser Frau auch wirklich gerecht würde. Dieser hatte nicht diese tiefe Gott-Gläubigkeit und die große Anständigkeit, welche Makeda auszeichnete. Doch sie war sehr froh, eine so gute Frau an ihres Sohnes Seite zu wissen.

*Café von Misgans Vater*

Eigentlich war Alem froh, dass der künftige Schwiegervater von Makeda die Organisation der Hochzeit und alles Drum und Dran übernahm. Auch war sie froh, dass er keine Mitgift verlangte, sie hätte ihn wohl kaum zufriedenstellen können. Denn er war doch eher wohlhabend, jedenfalls im Vergleich zu ihr. So kam es, dass der Schwiegervater, als das Datum mal festgelegt wurde, alles Nötige für die zivile und kirchliche Trauung vorbereitete. Er gehörte zwar auch dem christlich-orthodoxen Glauben an, war aber nicht besonders gläubig. So war für ihn die Zeremonie in der Kirche eher eine Nebensache, die einfach dazugehörte.

Parallel zu den Heiratsvorbereitungen organisierte der künftige Schwiegervater zusammen mit Misgan auch das künftige Zuhause des Paares. Da sich der Schwiegervater im Business auskannte, fand er bald einen geeigneten Ort für das Paar. Es war ein Haus mit drei Räumen, an der Hauptstraße zwischen Ost- und Zentralregion gelegen, also an einer stark befahrenen Straße. Und weil es dort über viele Kilometer keine Dörfer oder Einkehrmöglichkeiten gab, betrachtete er den Standort als ideal. Hinzu kam, dass dieser nur etwa zwei Kilometer von Alems Haus entfernt lag. Das wiederum überzeugte Alem besonders, denn so konnte sie regelmäßige Kontakte pflegen. Im Haus war der hintere Raum als Lebens- und Schlafraum für das Paar und künftige Kinder geplant, davor ein Raum als Lager für Softdrinks und einer kleinen Küche für die Zubereitung von Speisen und dann ein großer Vorplatz, zur Hälfte gedeckt mit einer Veranda, mit ungefähr 20 Sitzplätzen. Der Schwiegervater mietete dieses Haus und bezahlte auch gleich die Miete für das erste Jahr. Danach sollte das Paar in der Lage sein, die Miete aus Einkünften selbst zu bezahlen. Im Außenbereich hinter dem Haus war das Plumpsklo.

Ende der Regenzeit erfolgte die Hochzeit, Makeda war eine sehr schöne Braut und war gleichermaßen stolz und glücklich, einen solch passenden Mann gefunden zu haben. Die charakterlichen Defizite würde sie mit ihrer Liebe, die sie ihm bedingungslos entgegenbringen wollte, schon beheben und alles zum Guten wenden. Sowohl die zivile als auch die kirchliche Hochzeit war zwar punkto Zeremonie und Einbezug der Priesterschaft nicht ganz das, was sich Alem und Makeda gewünscht hatten, aber, so dachten sie, sei das wohl bei reichen Leuten einfach so und die würden schon alles richten. Schließlich haben die es weit gebracht im Leben, also kann man schon auf sie hören.

*Makeda, Misgan*

Froh und glücklich zogen Makeda und Misgan in ihr Heim an der Hauptstraße und waren zusammen sehr, sehr glücklich. Für beide ging ein Traum in Erfüllung. Schon gleich nach dem Einzug wurde das Café, nur mit wenigen Hockern für die Gäste unter der Gartenlaube, in Betrieb genommen. Makeda war für die Kaffee-Zeremonie inkl. dem Rösten von Mais zu Popcorn zuständig, Misgan für den Ausschank von Softdrinks. Das Spülen des Geschirrs war Makedas Aufgabe, das Sauberhalten des Gästebereiches und den Nachschub an Getränken besorgte Misgan. Dieser machte auf einfachste Art auch auf sein Café aufmerksam, er schlug zwei Pfähle ein und nagelte ein Brett daran, auf welchem er die Durchreisenden auf das Café aufmerksam machte. Wenig später kam ein von Coca-Cola geliefertes blechernes Plakat hinzu, das dann wirklich sehr auffällig war. In der Nachbarschaft der beiden wurden dauernd einfache Häuser gebaut. Es kamen zu jener Zeit viele Immigranten aus Eritrea, die vor dem dortigen Regime flüchteten und im Norden Äthiopiens ansässig wurden. Viele davon hatten von früher her hier Verwandte oder Bekannte, die ihnen zum Teil auch halfen, den Bau der Häuser zu ermöglichen. Jedenfalls entstand innert kurzer Zeit ein Dorf, an dessen Rande die Regierung ein Schulhaus baute und das Landwirtschaftsbüro ein Farmer Training Center. So wurde aus dem verlassenen Ort an der Durchgangsstraße innert weniger Jahre ein Dorf. Bisher gab es hier keine Einkaufsmöglichkeiten, weshalb das Paar begann, zunehmend Güter des täglichen Bedarfes in ihrem Café anzubieten. Es waren dies wenige Grundnahrungsmittel wie Reis, Mehl, Öl, Salz und Zucker, Seife, danebst auch Plastikgeschirr und -kännchen sowie erste Früchte. Dieses Sortiment vergrößerte sich im Laufe der Monate, bis hin zu Saatgut für den Anbau von Gemüse im Garten. Alem ließ es sich nicht nehmen, hie und da als Verkäuferin im Laden zu arbeiten. Sie hatte ihre wahre Freude an der Entwicklung des Cafés. Es wurde aus dem einfachen Café als kurzer Rastplatz für Durchreisende ein eigentlicher Treffpunkt für Einkauf, für Zusammensitzen bei Gesprächen mit Freunden und Fremden. Durchfahrende Lastwagen machten halt und tranken ein Cola. Mit zunehmender Bevölkerung des Dorfes machten die Busbetriebe eine Bushaltestelle, nur wenige Meter vom Café entfernt.

Das Ehepaar Misgan und Makeda war überaus erfolgreich und konnte ab dem zweiten Jahr die Miete problemlos bezahlen. Ja, sie kauften nach und nach zusätzliche Gartenmöbel, um mehr Sitzgelegenheiten anbieten zu können.

*„Lädeli" im Vorraum des Cafés*

Je mehr Menschen bei ihnen einkehrten, desto vermehrt wurde nach Tella, dem selbstgebrauten Bier, und nach Birra, dem äthiopischen Markenbier, gefragt. Da witterte Misgan ein Geschäft und prompt ergänzte er das Sortiment um alkoholische Getränke. Das führte tatsächlich zu erhöhten Umsätzen. Das Café entwickelte sich erfreulich und gab den beiden viel Arbeit. Wenn diese zu viel wurde, sprang auch Alem, die ja nicht weit davon wohnte und mit Solomon ihre kleine Landwirtschaft betrieb, ein und half mit. Der Alkoholausschank hatte aber auch die Nebenwirkung, dass Männer länger sitzen blieben, sich in heftige Diskussionen verstrickten, bis hin zu gelegentlichen Zänkereien. Misgan, der von Durchreisenden immer wieder Neuigkeiten erfuhr, war in solchen Runden ein gern gesehener Gast und wusste immer Interessantes zu erzählen. Aber je länger, umso mehr zeigte sich aber, dass er auch mittrank. Ja, mit der Zeit wurde er selbst der beste Gast und es verging bald kein Tag mehr, an dem er nicht angesäuselt oder gar betrunken war. Dabei benahm er sich nicht unanständig, eine unschöne Nebenerscheinung war aber, dass er bald auf jeden Mann eifersüchtig wurde, der nur einen Blick auf seine gutaussehende Frau warf oder gar einige Worte mit ihr sprach. Dies führte anfänglich zu Reibereien, indem er Makeda Vorwürfe machte, sie gäbe sich zu sehr mit anderen Männern ab und vernachlässige ihn. „Bitte, sprich nicht so mit mir, du weißt, dass ich nie ein Unrecht getan habe und dir nie untreu würde, auch nicht in entferntesten Gedanken“, antwortete sie ihm, als er ihr wieder einmal eine Szene machte. Doch Makeda zog Konsequenzen, hielt sich mehr und mehr im Lager oder im Wohnraum auf und wehrte sich nicht, als Misgan ihr eröffnete, eine Hilfskraft für den Service anzustellen. Eine solche war schnell gefunden, da in der ganzen Umgebung viele junge Frauen arbeitslos waren und nur allzu gerne irgendeine Aufgabe annahmen. Misgan testete gleich mehrere Frauen, nur für Stunden, probeweise, und schaute, wie sie sich anstellten. Während er einige als ungeeignet zurückwies, stellte er zwei junge Frauen als Teilzeitmitarbeiterinnen an. Diese arbeiteten nun abwechslungsweise regelmäßig in der Bedienung im Café. Makeda war hilfsbereit bei deren Einführung, doch Misgan wollte sie nicht mehr im Kundenbereich sehen und befahl ihr: „Du, Makeda, bleibst hinten und machst dort die Arbeiten für unseren Haushalt und das Abwaschen. Ich will dich nicht mehr im Kundenbereich sehen, du weißt, warum.“ Makeda erschrak über diese resolute Art des Umganges und fragte sich, was sie wohl falsch gemacht habe, um so behandelt zu werden. Sie war sich keiner Schuld bewusst, doch gebot ihr ihre Erziehung, den Anordnungen des Gatten Folge zu leisten und so verzog sie sich mehr und mehr in die Hinterräume. Bei einem nächsten Besuch von Alem kam dieser Sachverhalt zur Sprache und sie bot an, mit Misgan zu reden. „Nein, mach das nicht, liebe Mutter, ich muss mit dem allein zurecht kommen. Ich liebe Misgan noch immer und wir werden den richtigen Weg schon finden. Und er meint es ja gut mit mir“, entgegnete sie ihrer Mutter, die sie jedoch nicht zu überzeugen vermochte. Alem beobachtete das Zusammenleben der beiden und den Betrieb des Cafés mit zunehmender Sorge. Natürlich war der oft etwas lärmige und unflätige Betrieb des Cafés auch Priester Kesis, der bei seinen

Hausbesuchen dort hie und da vorbei lief, nicht entgangen. Für ihn war vor allem das Trinken ein Laster. Da jedoch ein Teil der Gäste dort Durchreisende waren, wollte er sich nicht einmischen. Doch er änderte seine Meinung schnell, als ihm aus der Nachbarschaft des Cafés berichtet wurde, dass Misgan mit dem einen Bedienungsmädchen eine versteckte Liebesbeziehung habe und jede Gelegenheit nutze, Makeda zu hintergehen und sich mit dem Mädchen zu vergnügen. Dies vor allem beim frühen Einnachten bis in den späten Abend. Jetzt wollte Priester Kesis wissen, was los war und ging am Café an einem frühen Morgen vorbei, als noch keine Gäste dort waren. Er stellte den etwas übermüdet und verkatert wirkenden Misgan zur Rede und konfrontierte ihn mit dem Gehörten. Auch bat er ihm an, mit ihm zu beten, damit er wieder auf den Weg des Glaubens und der Tugend zurückfinden würde. Misgan hörte ihm emotionslos zu und antwortete ihm nach kurzem Überlegen eher schroff: „Priester Kesis, du hast deinen Beruf, ich mische mich bei dir nicht ein, ich habe meinen Beruf und du hast mir nicht zu sagen, wie ich diesen Betrieb führen und wie ich mich zu benehmen habe. Ich bitte dich, den Tee auszutrinken und dann gehe bitte, ich will dich nicht mehr hier sehen." Solche Respektlosigkeit, Ablehnung, ja Boshaftigkeit war Priester Kesis noch nie begegnet, er war zuerst erschrocken und vorerst sprachlos. Nachdem er sich gefasst hatte, versuchte er nochmals mit gütigen Worten, das Herz von Misgan zu erreichen. Dieser jedoch blieb unbeugsam und forderte den Priester auf, das Café für immer zu verlassen. Betrübt verließ Priester Kesis diesen Ort und begab sich direkt zu Alem. Diese empfing ihn mit gewohnter Herzlichkeit und freute sich über den frühen Besuch. Doch als er ihr über das soeben Erlebte berichtete, verdüsterte sich alles um Alem, sie verfiel in eine tiefe Traurigkeit. Sie hüllte ihren Kopf ins Schultertuch und begann laut und jammernd zu heulen. „Ich hab es gewusst, ich habe es befürchtet. Vom ersten Tag an war mir dieser Mann unheimlich, ja ich habe Schlimmes befürchtet", dachte sie, „Aber ich habe so viel für das Glück dieser beiden gebetet, dass ich gehofft habe, es würde gut kommen." Priester Kesis brauchte lange, um sie zu trösten und respektierte auch, dass sie nun allein sein wollte, um das Erfahrene zu verarbeiten. Alem war tief traurig, suchte im Gebet Kraft, doch oft überwältigte sie der Schmerz über dieses Unheil in der Familie ihrer Tochter so stark, dass sie zweifelte, ob ihre Gebete erhöht würden. Nach vielen Tagen nahm sie alle Kraft zusammen und besuchte das Café, umarmte Makeda innig und lange – ohne Worte, nur beide mit Tränen der Trauer in ihren Gesichtern.

Derweil lief das Café wie gewohnt, es hatte Gäste, das Einkommen stimmte und Misgan fühlte sich wohl, auch wenn er insgeheim wusste, dass er Fehler machte. Doch er war so von sich überzeugt, dass er es sich ganz einfach machte und seinen Weg als den im Prinzip richtigen einordnete.

# Krieg

Seit geraumer Zeit hörte man auch in den abgelegensten Gebieten, dass es zwischen der Regionalregierung und der Zentralregierung Schwierigkeiten gab. Anlass war, dass die Regionalregierung nicht akzeptierte, dass anstehende Wahlen wegen einer Pandemie verschoben werden sollten. Also führten sie lokal die Wahlen durch, was wiederum die Zentralregierung nicht akzeptieren wollte.

Aus nie geklärten Umständen begann ein furchtbarer, mehrmonatiger Krieg. Da waren einerseits die regionalen Truppen, zusammengesetzt aus Freiheitskämpfern, die für eine große Selbstständigkeit und Unabhängigkeit ihrer Region kämpften. Auf der andern Seite die Truppen der Zentralregierung, deren Mannschaften aus Angehörigen anderer Stämme zusammengesetzt waren. Die Armee der Zentralregierung war in der Übermacht, zumal sie in einer entsetzlichen Aktion mit dem Erzfeind im nördlichen Nachbarland Frieden schloss und deren Truppen ins Land ließ, um gegen die Regionalregierung zu kämpfen. Dies unter dem Motto: Der Feind deines Feindes ist mein Freund. Dass dies für die Regionaltruppen und vor allem für die Bevölkerung von verheerender Wirkung war, zeigte sich in den Folgemonaten. Die Truppen aus dem Nachbarland wüteten, raubten, mordeten und machten sich an vielerlei Kriegsverbrechen schuldig, vor allem auch gegenüber Frauen. Die Regionalregierung mobilisierte alle ihre Kräfte zur Abwehr und forderte jedermann auf, sich der Armee anzuschließen. Dieser Aufruf erreichte auch Misgan, der sich in einer Anwandlung von Patriotismus als Freiwilliger meldete und sich den Truppen anschloss. Natürlich versuchte Makeda alles, um ihn davon abzuhalten. Doch stur und selbstbewusst, wie er war, ließ er sich nicht beeinflussen und verabschiedete sich von Makeda mit den Worten: „Makeda, ich schließe mich jetzt unseren Truppen an, damit wir in wenigen Tagen siegen können. Wir werden den Feinden schon den Garaus machen. Bleib ohne Sorge, ich werde bald wieder zurückkommen.“ „Gott sei mit dir, ich will für dich beten und hoffe ganz fest, dass dir nichts passiert. Ich warte auf dich, ich liebe dich.“ Das waren die letzten Worte von Makeda an Misgan, dann verließ er das Café, nahm etwas Proviant mit und meldete sich bei der Sammelstelle für Freiwillige. Man sollte niemals mehr etwas von oder über Misgan hören.

*Hinterlassenschaft des Krieges*

Da das Café von Makeda und Misgan an der wichtigen Überlandstraße lag, war es unvermeidlich, dass Truppen an ihrem Haus vorbeizogen. So kam es, dass schon in den ersten Kriegstagen Soldaten der Regionalarmee am Café vorbeifuhren, dabei die Fahnen der Region flattern ließen. Wo immer sie Menschen passierten, wurde gejubelt und den Soldaten Glück, Sieg und ein langes Leben gewünscht. Doch schon nach wenigen Tagen änderte sich die Lage. Es fuhren nun Truppen der Zentralregierung und solche aus dem Nachbarstaat vorbei. Während die schwer bewaffneten Kampftruppen weiterzogen, blieben Soldaten der Nachhut in den Dörfern und verursachten unsägliches Unheil. Sie fragten nach den Dorfältesten, wo sie diese fanden, wurden diese verschleppt und ohne Gerichtsurteil gnadenlos erschossen. Schulräume und Büros von Privatpersonen wurden nach wertvollen Materialen wie Computer durchkämmt und was nicht niet- und nagelfest war, wurde verladen und ins nördliche Nachbarland transportiert. Genauso ging es vielen Tieren. Ziegen und Schafe wurden den Wächtern entrissen, auf Jeeps verladen und entweder den Truppen-Verpflegungsstellen zugeführt oder in wenigen Kilometern Entfernung über die nördliche Grenze ins Nachbarland transportiert. Alem hatte Solomon empfohlen, die Tiere weit weg in den Wald auf den Berg zu treiben und dort bei den Tieren zu verbleiben. Dort hatten er und die Tiere die besten Überlebenschancen, auch wenn der mitgegebene Proviant nicht für lange Zeit ausreichen würde. Doch so waren Solomon und die Tiere erst mal in wahrscheinlicher Sicherheit. Alem selbst begab sich zum Café, um Makeda in dieser schweren Zeit beizustehen. Das Café hatte keine Gäste mehr, viele der Männer waren entweder zu den Truppen gezogen, versteckten sich in den Häusern oder flohen in die Berge.

Das Erste, was Alem bei der Ankunft im Café machte, war, an eine lange Stange ein großes weißes Leinentuch zu hängen und diese Stange am Straßenrand zu platzieren. „Das wird uns schützen“, sagte sie zu Makeda, „denn dieses Tuch ist das Zeichen des Friedens. Es ist das Zeichen, dass wir die Soldaten nicht bekämpfen werden. So wollen wir, wenn Soldaten vorbeikommen, sie anständig behandeln, ihnen Kaffee und Softdrinks anbieten, auch wenn sie es allenfalls nicht bezahlen können.“ Alem ging davon aus, dass auch die feindlichen Soldaten auf solche Güte ansprechbar seien und dass diese froh sein würden, bei ihnen kurz rasten zu können. Doch es sollte anders kommen!

In der zweiten Kriegswoche machte ein mit einigen Soldaten beladener Lastwagen vor dem Café halt, die Soldaten stiegen ab und kamen aufs Café zu. Junge, teils sehr junge Männer, nur mit T-Shirts, Shorts und Sandalen bekleidet, aber jeder mit einer schweren Kalaschnikow in den Händen und teilweise Patronengürtel um die Schultern. Mit diesen Waffen machten sie einen furchterregenden Eindruck, auch wenn die Bekleidung gar nicht soldatisch wirkte. Die Soldaten waren schmutzig und man roch, dass sie sich wohl schon länger nicht mehr sauber gewaschen hatten. Alem und Makeda warteten hinter der Tür, die bald mit Füßen aufgestoßen wurde. „Kommt raus, alle! Wo sind die Männer, wo haben sie sich versteckt?“ Diese Worte schreiend schubsten sie die Frauen beiseite und drängten ins Hausinnere. Bald sahen sie, dass da keine Männer waren, gaben sich aber damit nicht zufrieden. „Wo sind die Männer, wo haben sich diese Miststücke versteckt? Sagt es uns und führt uns zu ihnen“, schrien sie die Frauen an, mit Waffen drohend, „wir werden sie finden und töten, und ihr werdet uns zu ihren Verstecken führen und dann werden wir auch euch erschießen.“ Die Brutalität, welche von den Worten und Gesten dieser Soldaten ausging, war für die beiden Frauen unerträglich. Mutig, wie Alem ist, sagte sie: „Ich bin Priesterwitwe, mein Mann ist vor vielen Jahren verstorben und wie ihr wisst, durfte ich nicht wieder heiraten und so bin ich ohne Mann.“ Die Männer, welche zum Teil schon nach Flaschen von Bier oder Softdrinks in den umstehenden Harassen gegriffen hatten, ließen nicht ab: „Dann hast du ja endlich wieder mal einen Mann nötig, wir werden es dir besorgen!“, sagte der Gruppenführer unter zustimmendem Gelächter seiner Kameraden. „Macht mit mir, was ihr wollt, am liebsten wäre es mir, ihr würdet mich gleich töten. Aber bitte lasst meine Tochter Makeda in Ruhe, sie hat ihr Leben noch vor sich“, fasste Alem allen Mut zusammen, um das zu sagen. „Wo ist dein Mann?“, wandten sich mehrere Soldaten an Makeda, „erzähl es uns, zeig uns, wo sich diese Ratte versteckt!“ Makeda war derart erschüttert, dass sie kein Wort herausbrachte. Sie war versteinert, konnte nicht weinen und war nicht in der Lage zu reden. „Geht es dir besser, wenn wir dich ein wenig zum Reden bringen?", sprach sie ein Soldat an, während er ihren Haarschopf ergriff und ihren Kopf brutal nach hinten riss. „Er ist schon lange weg, wir wissen nicht, wo er ist", schrie Alem lauthals in die Runde, „also lasst uns unbehelligt und geht eure Wege." Der Anführer ließ mit einer Antwort nicht lange warten, ging auf Alem zu, ergriff einen Arm und zog sie an sich. „So, wenn die Männer nicht hier sind, bleibt uns nichts anders übrig, als dass wir uns mit euch vergnügen. Was meint ihr dazu?", rief er in die Runde. Zustimmendes Gejohle bestätigte die Absicht, dass sich die Männer an den Frauen vergehen wollten. „Wir bitten euch im Namen Gottes des Allheiligen, lasst eure Finger von uns und versündigt euch nicht", rief Alem laut in die Runde, während Makeda wie versteinert, zitternd an einer Wand lehnte, unfähig etwas zu sagen, den Kopf tiefhängend und mit starren Augen gen Boden blickend. Alems Worte hatten keine Wirkung. Die Soldaten zögerten nicht mehr lange, sie taten das, was sie vorher schon in andern Häusern getan hatten. Sie vergewaltigten die beiden Frauen mit größter Brutalität. Alem ließen sie im Blut liegend zurück, Makeda schoben sie auf die Ladebrücke des Lastwagens und fuhren davon, nicht ohne vorher noch einige angefangene Harassen mit Getränken aufgeladen zu haben.

Über den Verbleib von Makeda hörte niemand mehr etwas. Es hat sich jedoch herumgesprochen, dass die Soldaten junge Frauen in ihre Unterkünfte nahmen, sie dort einsperrten und sich nach Belieben an ihnen vergingen. Offizielle Stellen bestätigten später, welch teilweise unmenschlichen, abartigen Vergehen sich die Soldaten zu Schulden kommen ließen. Doch, bis heute ist weder einer der Soldaten noch diejenigen, welche den Einsatz der Soldaten befohlen haben, je zur Rechenschaft gezogen wurden. Die Hoffnung, dass dies je passiert, ist klein.

Monate später, als Waffenstillstand herrschte und die ersten Vertreter von UNO und Hilfswerken in die Gegend kamen, erzählte eine Frau, die aus der Ferne das Geschehen im Café teilweise mitbekommen hatte: „Es kamen Soldaten, fragten mit lautem Geschrei nach den Männern, dann war hektische Betriebsamkeit und Gejohle. Nach einiger Zeit fuhr der Lastwagen wieder weg. Ich wartete, bis ich sicher war, dass die Soldaten wirklich weg waren. Gegen Abend begab ich mich mit meiner Schwester zum Café, sah die Zerstörungen und auf einer Matratze im Wohn-Schlafbereich trafen wir auf Alem. Sie lag in viel Blut, wies Verletzungen am ganzen Körper auf und gab kein Lebenszeichen mehr von sich. Wir haben sie, so wie schon andere auch, auf dem Compound des Schulhauses in einem Massengrab beerdigt. Da wir weder Holz- noch Steinkreuze hatten und auch kein Mann zugegen war, der die Gräber hätte beschriften können, haben wir auf jedem Grab einen Baumsetzling gepflanzt. Wir haben auch nach Makeda gesucht, sie nirgends gefunden. Wir gingen dann auch auf die Suche nach Solomon. Wir wussten, dass er in ungefähr drei Kilometern Entfernung seine Tiere hütete. Doch auch ihn konnten wir nicht finden, auch nicht seine Tiere."

*Massengrab mit Baumsetzlingen bepflanzt*

So ist nicht bekannt, was mit den Nachkommen von Alem passiert ist. Sind sie im Krieg gestorben? Sind sie verschleppt worden? Sind sie geflüchtet und können wegen unterbrochener Telefonverbindung auch so keinen Kontakt herstellen? Niemand weiß es, ob es später je zu Tage kommt, ist ungewiss. Angenommen werden darf, dass die drei Geschwister, welche vor wenigen Jahren im Wessene-Waisenheim in Addis Ababa ein neues Zuhause gefunden haben, vom Krieg verschont blieben.

# Nachlese Alem

Der Lebenslauf einer tüchtigen Frau, wunderbaren Mutter und tiefgläubigen Christin wurde durch einen sinnlosen Bürgerkrieg beendet. Alem, die sich stets für die Benachteiligten, für Schwächere und Bedürftige einsetzte und für alle Menschen nur das Beste wollte, musste sterben, ohne dass ihr irgendwelche Hilfe zuteilwurde. Die Frau, die so viel Leid in ihrem Leben erfahren musste und durch den Glauben immer wieder gestärkt wurde, ist nicht mehr. Es ist furchtbar, was Kriege anrichten, ja grauenhaft. Alem steht stellvertretend für viele Frauen in jener Gesellschaft. Es liegt auf ihnen die Last der Ernährung der Familie und die Erziehung der Kinder und überhaupt die ganze Haushaltsführung. Weil es weitverbreitet weder fließendes Wasser noch Heizung in den einfachen Häusern und Hütten gibt, liegt auch die Beschaffung von Feuerholz und Wasser im Aufgabenbereich der Frauen. Es ist die alteingesessene Rollenverteilung, welche der Frau diese Aufgaben zuordnet, während der Mann für das Vieh und die Feldarbeit verantwortlich ist. Alems Schicksal war der Hinschied ihres Gatten, der an AIDS gestorben ist. Dass es AIDS war, weiß man nicht, er ist einfach an einer Krankheit verstorben. Dann führen die Witwen einen sogenannten Women Household, ein offizieller Zivilstand. Frauenhaushalt. Die Ursachen, dass es viele solcher Frauenhaushalte gibt, sind vielfältig. Es sind krankheits- oder unfallbedingte Todesfälle der Männer. Männer, die im Krieg uns Leben kamen, dann aber auch Frauen, die aus polygamen Ehen verlassen wurden, oder einfach Frauen, die von ihren Männern verlassen wurden, weil diese in der Stadt oder auf einer Großbaustelle im weiten Land auf ein besseres Leben hoffen. Besonders traurig ist auch die Tatsache, dass Frauen, welche vor der Verheiratung schwanger wurden und ein Kind gebaren, nicht mehr heiratsfähig sind.

*Alem – in ihrer guten Zeit*

Dieses Buch über Alem geht einher mit der größten Bewunderung der alleinverantwortlichen Frauen. Diese sind tragende Säulen der Gesellschaft, leider mit untergeordnetem sozialem Status.

Alem ist zurückgekehrt zum Herrn, dem sie immer gedient hat. Ihrer Gewissheit entsprechend ist sie jetzt bei ihm, der ihr hoffentlich auch in den letzten Stunden ihres Lebens beigestanden ist.

# Nachlese Wanderprediger

Wanderprediger sind von Gott berufen und von den prominenten Kirchenvertretern in ihr Amt eingesetzt. Doch sie sind auch nur Menschen. Das Schicksal von Priester Sisay ist nicht alltäglich, aber es kommt vor, dass Wanderprediger sich versündigen. Zur der Zeit, als Priester Sisay als Wanderprediger unterwegs war, gab es in der Nachbargemeinde auch einen jungen Wanderprediger, der verurteilt und ins Gefängnis gesteckt wurde. Sein Verhängnis war, dass er der Schwärmerei heranwachsender junger Frauen nicht widerstehen konnte und sich des Missbrauchs von Minderjährigen schuldig machte.

*Unterwegs – Begegnung mit Wanderpredigern*

Auch wenn das Brechen des heiligen Eides der Priester nicht oder nur schwer zu entschuldigen ist, so gilt es doch festzustellen, dass Wanderprediger in besonderem Maße der Versuchung ausgesetzt sind. Wo sie auftreten, wo immer sie auftauchen, werden sie von Frauen, Männern und Kindern bewundert und jedermann drängt sich, das Kreuz des Wanderpredigers an die Stirn gedrückt und den Segen zu erhalten.

Um das Geschehen um Priester Sisay ins rechte Licht zu rücken, müssen voller Hochachtung und Dankbarkeit die Tausenden und Abertausenden von Wanderprediger erwähnt werden, die ihren Auftrag getreu erfüllen und Millionen von Menschen Trost, Mut, Zuversicht und Gottesgläubigkeit vermitteln. Sie nehmen große Strapazen auf sich, um Menschen zu helfen. Immer wieder begegnen sie großer Armut und müssen viel Leid und Unglück in die Augen schauen. An festlich-feierlichen Anlässen stehen sie im Mittelpunkt, auf ihren Wanderungen unterwegs sind sie allein – allein mit sich und Gott – und all den Lasten, die ihnen aufgebürdet werden.

Dürre, Hunger, Armut – im 21. Jahrhundert!

Kriege, Ungerechtigkeiten, das Recht des Stärkeren – im aufgeklärten 21. Jahrhundert!

Fragen über Fragen?

*„Die Wege des Herrn sind unergründlich.“*

Römer 11, 33–36

## Personen

**Alem** – die Frau des Wanderpredigers
Tigist – Alems Mutter
Gebre – Alems Vater

**Sisay** – der Wanderprediger, Mann von Alem
Lete – Sisays Mutter
Gebrewahid – Sisays Vater

## 4 Kinder

Solomon – Knabe, ältestes Kind, leicht behindert
Makeda – Mädchen, ihr späterer Mann: Misgan
Yared – Knabe, studierte und verstarb während des Studiums
Berihu – Knabe, fand Arbeit in der Stadt

## 3 angenommene Kinder der verstorbenen Frau

Misgan – Gatte von Makeda und „Gastwirt“
Fekadu – Leiter Forstwirtschaftsbüro

Priester Kesis – Priester Dorfkirche
Priester Haimanot – Bezirkskirche

Martha – Hebamme
Mesb – Chefin von Yared in der Hauptstadt beim Studium

Wessene – Gründerin und Leiterin des Waisenheims

Hailemariam – Erntehelfer

# Der Autor

Linus Lang lebt in der Schweiz. Als Verantwortlicher einer Hilfsorganisation hatte und hat er mehr als 20 Jahre engen Kontakt mit Menschen in Äthiopien. Er hat das Leben vieler mitverfolgt und ihre Schicksale miterlebt. Tief beeindruckte ihn das Leben dieser Menschen in Armut und Bedürftigkeit und gleichzeitig der Stolz und die tiefe Gläubigkeit vieler dieser Menschen. Letzteres wohl als Kraft-Quelle und als Überlebensstrategie. In Bewunderung für das Leben dieser Menschen hat er den Roman „Die Frau des Wanderpredigers“ geschrieben. Ganz speziell sind diese Zeilen jener Frau, die zur Priesterwitwe wurde, Frau Alem, gewidmet.